一口气读懂常识丛书
YIKOUQI DUDONG CHANGSHI CONGS

U0589252

一口气读懂

历史常识

本书编写组◎编

NEW

世界图书出版公司
WPC
广州·上海·西安·北京

图书在版编目（CIP）数据

一口气读懂历史常识／《一口气读懂历史常识》编
写组编. —广州：广东世界图书出版公司，2010.4（2021.5 重印）
　ISBN 978 – 7 – 5100 – 1556 – 4

　Ⅰ. ①—… Ⅱ. ①—… Ⅲ. ①中国 – 历史 – 青少年读
物 Ⅳ. ①K209

中国版本图书馆 CIP 数据核字（2010）第 065261 号

书　　名	一口气读懂历史常识
	YIKOUQI DUDONG LISHI CHANGSHI
编　　者	《一口气读懂历史常识》编写组
责任编辑	马立华
装帧设计	三棵树设计工作组
责任技编	刘上锦　佘坤泽
出版发行	世界图书出版有限公司　世界图书出版广东有限公司
地　　址	广州市海珠区新港西路大江冲 25 号
邮　　编	510300
电　　话	020-84451969　84453623
网　　址	http://www.gdst.com.cn
邮　　箱	wpc_gdst@163.com
经　　销	新华书店
印　　刷	三河市人民印务有限公司
开　　本	787mm × 1092mm　1/16
印　　张	13
字　　数	160 千字
版　　次	2010 年 4 月第 1 版　2021 年 5 月第 8 次印刷
国际书号	ISBN　978-7-5100-1556-4
定　　价	38.80 元

前　言

历史是什么？军事家说："历史是被鲜血染成的长河！"法学家说："历史是发扬正义的宣言书！"政治家说："历史是预知未来的先知！"

那么，历史究竟是什么呢？笔者认为历史是一面镜子，通过历史，我们不仅能够学到古人的智慧，了解到社会发展的规律，而且能认识到为人处事的策略，懂得现代社会的来之不易和今后社会的不可预知。正如英国著名思想家培根曾经所说，"读史可以使人明智"。

中国有文字记载的历史长达五千年，在这五千年的历史长河中，在历史的不断演变中，有富有传奇色彩的古代神话故事；有刀光剑影的更朝换代；有危机重重的心智较量；有血雨腥风的政治事变；也有扑朔迷离的革命斗争和勾心斗角的争权夺利……

对于现在的我们而言，历史已经不仅仅只是一段历史，通过一些重大的历史事件和著名的历史人物，我们可以从古人的智慧中学习为人处事的方法，懂得在什么时候选择什么样的角色、做什么样的事情，可以认识到我们在自己所处的历史时代应该努力完成什么样的历史使命，在历史上留下什么样的功绩，取得什么样的成就，给后人带来什么样的影响……

本书分别从中国的远古史、上古史、中古史、近古史、近代史、现代史五个部分出发，重点节选了广大青少年都比较感兴趣的，并且会对青少年朋友有一定帮助的历史精华，希望大家在阅读完这些历史之

一口气读懂历史常识

1

后，能真的有所领悟、有所收获、有所进步，这也将是我们编委会全体成员最大的欣慰。

由于编者知识水平有限，书中难免会有不妥之处，敬请广大读者批评指正。

一口气读懂历史常识

目 录

一口气读懂历史常识

上古史篇

一口气读懂历史常识

中古史篇

一口气读懂历史常识

近古史篇

近代史篇

一口气读懂历史常识

现代史篇

一口气读懂历史常识

远古史篇

武古虫篇

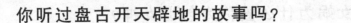

你听过盘古开天辟地的故事吗？

在很久以前还没有天地的时候，有一种形状如口袋的生物，人们把它称为混沌。但是它没有七窍，于是它的两个好友倏和忽建议为它凿开七窍，它同意了，但他却因凿七窍而死。

混沌死后，它的肚子里出现了一个人，名字叫盘古。在酣睡了约一万八千年后，他睁开眼睛时发现周围全是黑暗，他无法在这种环境中生存下去。于是他把一颗牙齿变成威力巨大的神斧，开始向周围使劲砍。

在一阵巨响过后，天地开始分开：轻盈的气体慢慢的升到高处，形成了天；另外一些浑浊的东西逐渐下降，就形成了大地。从此，浑浊不分的宇宙不再是一片黑暗，而是变为天和地。

天地生成以后，盘古特别担心它们重新合在一起，于是就稳稳地踩在地上，用高昂的头颅顶住天空。时间在飞逝，又过了一万八千多年，天空高到遥不可及，地变得稳重厚实，盘古也变成了一个顶天立地的巨人。直到有一天天终于不能再高，地也不能再厚，这个巨人才长长的松了一口气，慢慢的闭上眼睛，与世长辞了。

盘古死了，但他仍然用他的遗体为宇宙做出了贡献，他的四肢化作了山脉，肌肉变成了万里沃野，牙齿化为石头和金属，筋脉化成道路，鲜血化为江河湖泊……他的一切都是世上的万物之源。

一口气读懂历史常识

女娲为什么被称为创世女神？

提起女娲，我们并不陌生，她是中国神话史上最鲜活的人物，是人类的创世女神，被人们称为大地之母。

自从盘古开辟了天地，这个世界有了很多生气，但是女娲却感到莫名的孤寂，于是她就挖点土和上水，照着自己的影子捏了一个和自己一样的小人，捏好后把它放在地上，小泥人居然活了起来。女娲很惊讶，接着又捏了许多，她把这些小东西叫作"人"。

更让女娲惊奇的是这些"人"居然还会讲话，在一阵欢喜之后，他们慢慢走散了。

这时女娲满心欢喜，她想让世界到处都有她亲手捏出来的人，但是世界那么大，她捏的人毕竟有限，她就顺手从附近折下一条藤蔓，沾上泥浆开始向地上挥洒。结果点点泥浆都变成一个个小人，与用手捏成的一模一样，于是这个世界就到处充满了人。

女娲看到这么多的人心中很高兴，于是就想去看看自己造的人过的怎么样。当她来到某个地方时，见人烟稀薄，十分奇怪，突然看见地上躺着不少一动不动的小人，女娲这时才明白，原来这些小人都会老去，都会死亡。

女娲见了这种情形很难过，她想让人类世世代代延续下去。女娲参照世上万物传种接代的方法，让人类男女配合，繁衍后代。继而又想到人是仿神的生物，不能与禽兽等同，于是她又建

一口气读懂历史常识

立了婚姻制度。

女娲不仅用泥土仿照自己创造了人类社会，而且还为我们建立了婚姻制度，使我们的后代无穷无尽，因此她又是人类的婚姻女神。她慈爱地创造了我们，又勇敢地为我们挡去灾难，所以在民间受到广泛爱戴，被世人称为创世女神。

黄帝是如何战胜蚩尤的？

中国历史上有一次著名的战役，是黄帝战蚩尤。这是中国远古时期一场重要的战争。

由于事件发生的时期久远，关于这场战争的详细情况已经不太明确。大约在4000多年以前，黄河流域居住着许多部落，最大的两支分别由黄帝和蚩尤带领。以黄帝为首领的部落，居住在我国西北方的姬水附近，后来搬到涿鹿定居下来。另一个部落的首领是炎帝的孙子蚩尤带领，居住在我国西北方姜水附近。

根据史书记载，蚩尤生性残暴好战，他有81个兄弟，个个能征善战。蚩尤原来臣属于黄帝，可是后来发现一个铜矿而突然野心大振，要与黄帝争夺天下。他联合了风伯、雨师和夸父部族的人，气势汹汹地来向黄帝挑战。

而黄帝是一位仁慈的君主，不想因为战争劳民伤财，一直劝蚩尤休战。可是蚩尤不听劝告，屡犯边界。最后黄帝不得不亲自带兵出征与蚩尤对阵。

黄帝和蚩尤一来二去打了71仗，结果黄帝胜少败多，心中

一口气读懂历史常识

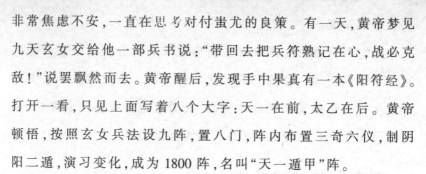

非常焦虑不安,一直在思考对付蚩尤的良策。有一天,黄帝梦见九天玄女交给他一部兵书说:"带回去把兵符熟记在心,战必克敌!"说罢飘然而去。黄帝醒后,发现手中果真有一本《阳符经》。打开一看,只见上面写着八个大字:天一在前,太乙在后。黄帝顿悟,按照玄女兵法设九阵,置八门,阵内布置三奇六仪,制阴阳二遁,演习变化,成为1800阵,名叫"天一遁甲"阵。

后来,黄帝依靠此阵,再加上将士的努力拼杀,最终,黄帝打了败蚩尤,赢得了胜利。

我国最早的人类遗址在哪里?

我国最早的人类遗址是于1965年5月1日发现的云南省元谋县那蚌村附近的"元谋猿人"遗址。

元谋县原来是一个很大的湖泊,湖的四周是山,山水花草丛生,林木茂盛,山上生活着云南马、剑牙象等多种古代动物。元谋人也在这里生活,他们为了抵御猛兽的袭击,已经懂得在一起群居,并渐渐学会了简单的砸打石器和骨器等。

后来,由于地壳运动的发生,这里变成了干涸的盆地,为"元谋人"遗址的保存提供了干燥有利的环境,使之成为中国文明历史的见证。

经我国地质工作者的不懈努力,不仅在那里发现了"元谋人"牙齿,同时还在那里发现了猿人的左、右上内侧门齿2颗,这2颗门齿属同一青年的。其后在元谋猿人化石所在的褐色黏土层里,研究人员又发现了用石英岩打造的刮削器4件和其他

一口气读懂历史常识

石制品十几件，并在厚约3米的3个地层中发现了零星散布的炭屑。

和元谋猿人化石一起发现的还有多种哺乳类动物的化石，这些化石大多归食草类动物所有，后经古地磁方法测定，这是生活在170万年以前的古人类牙齿。

这一重大发现把东方人类历史向远古推进了170多万年，同时也推翻了之前所说的"北京人"是我国最早的人类遗址这一说法。从此，"元谋人"作为中国最早的人类遗址载入史册。

图腾在中国历史上有着怎样的地位？

中国不仅是一个图腾崇拜的国家，而且是一个图腾崇拜历史非常悠久的国家。图腾其实是一种宗教形式。

在原始社会，由于人们对自身及自然界的认识十分有限，不了解人类与自然界的关系，所以认为每个氏族与某种动物、植物、无生物或自然现象都有着神秘的亲缘和其他的特殊关系，并相信这些"神物"就是他们的祖先、保护神，他们这个氏族就是由这种神物滋生出来的。

据史料记载，在我国氏族社会末期，各部落都有自己的图腾。并且我国国土面积辽阔，民族众多，历史悠久，各民族所崇拜的图腾也不尽相同。

例如在东南沿海一带，各部落多以鸟为图腾，史称"鸟夷"。如少昊部落以凤鸟为图腾，殷商先祖以玄鸟(燕子)为图腾；在中原各部落中，蚩尤族以泥鳅为图腾；西北高原则以野兽为图腾。

史载炎帝"宏身而牛面",表明炎帝部落是以牛为图腾的;再有"黄帝与炎帝战阪泉之野,帅熊、罴、貔、貅、虎为前驱",这里的熊、罴、貔、貅、虎,就是黄帝部落里六个以熊、罴、貔、貅、虎为图腾的部落。由此可见,图腾在我国的历史发展中的确占据着非常重要的地位。

历史上的皇帝为什么被称为龙子？

关于龙,它的意义早已深藏在我们的潜意识里,它是我们中国人特有的一种文化凝聚和积淀。从实际生活中讲,小到衣着服饰大到生老病死都打上了龙的烙印;从中国文化上来讲,社会文化的各个方面都渗透有龙文化。

而龙文化中最重要的方面就是龙象征着皇权,这也是历史上的皇帝都有龙子之称的重要原因。关于龙与皇权的挂钩可以追溯到黄帝时期。

传说在远古时代,有着龙的血缘的黄帝体恤民情,受到当时人民的爱戴。他曾叫人开采首山的铜运到荆山脚下铸成鼎来纪念自己大战蚩尤的辉煌胜利。鼎铸完后,为了庆祝巨鼎的铸成,黄帝专门在荆山举行了一个庆功大典。他还邀请四面八方的百姓来参加。时辰一到,黄帝亲自揭幕,一只高逾丈三、口大如缸的铜鼎带着闪烁的金光呈现在人们的面前,在鼎身还刻有一条矫健的游龙在一片祥云中穿梭。正在这时,天空忽然暗了下来,一条神龙从云里飞奔而出,黄帝明白这是他完成使命后上天派来接他的使者,于是就跨上龙背飞回天上。

此外，传说中的君主大都与龙有着说不清的渊源关系。尧在位的时候，世界上出现了大洪荒，于是他命令鲧去治水。鲧却偷来天帝的息壤采用"堵"的办法治水，不但劳而无功，而且偷窃被天帝发现，愤怒的天帝将他杀死在羽山，但是由于羽山的特定环境，鲧的尸体却未腐化，天帝知道后又命一个叫"吴刀"的神去除掉他，传说当吴刀剖开鲧的肚腹时，突然从里边生出一条虬龙，它就是鲧的儿子——禹。

禹后来继承父志，经过不断努力终于降服了洪水，也因此获得了万民的爱戴，后来，年迈的舜把王位禅让给了禹，顺乎民意，禹也就成了一代著名的君主。这就是后人把皇帝称为龙之重要原因之一。

氏族和部落有什么区别？

氏族和部落都是远古时代人们相互联系的一个群体。但它们二者之间也存在着一定的差异，氏族是由一定血缘关系联系起来的，而部落成员间则不一定有血缘关系。

氏族大约产生于旧石器时代，是原始社会中所形成的社会群体，形成的基础是相同的血缘关系，它的最大特点就是它的成员拥有一个共同的祖先。他们通常喜欢用一种动物或植物作为本氏族的图腾标志。在氏族还有一些规定，比如在婚姻方面，长辈与晚辈之间杜绝通婚，也禁止兄弟姐妹之间进行婚配，而且还不能与母方最远的旁系亲属进行婚配。

对于处于旧石器时代的氏族来说，成员没有地位高低之分，

他们一起劳动、一起作息,得来的劳动成果也都是平均分配,几乎一切共享。公共事务由他们推举的氏族首领来管理,重大事务由氏族会议讨论决定。氏族社会存在很久,直到私有制的出现才逐渐解体。

随着社会的发展,加上人口的繁殖,氏族不断壮大,因此就有一部分人开始向外开拓新的生存空间,于是就产生了新的氏族,部落也孕育而生。部落是由新老氏族结合而成。每个部落都有自己的领土并有自己的名称,在部落内部,他们形成了自己共同的语言、共同的经济、共同的宗教与祭祀仪式。各氏族之间地位平等,部落最高首领由各氏族推选产生,称为酋长,公共事务同氏族相似都是由各氏族首领组成的部落议事会讨论决定。

我国发现的母系氏族的遗址在哪里?

1952年,我国的考古学家在陕西省一个叫半坡的地方发现了一个氏族部落的遗址,经过进一步的发掘,我们找到了一个我国著名的母系氏族社会的代表——半坡氏族。

氏族社会的早中期为母系氏族,即建立在母系血缘关系上的社会组织。原始社会的母系氏族实行共产制并且其劳动产品平均分配,他们有自己的语言和名称,崇拜共同的祖先,由于原始社会的农业和家畜饲养业都是妇女发明的,所以妇女在生产和经济生活中、在社会上受到尊敬,取得主导地位和支配地位。

半坡遗址又称为半坡母系氏族遗址,位于西安城东6千米,呈南北略长,东西较窄的不规则圆形。整个部落由居住区、氏族

一口气读懂历史常识

公墓区及陶窑区 3 个不同的分区组成。其实早在 6000 年以前，半坡这个地方就有原始人类居住，从考古中发现的葬墓来看，有一部分葬墓中还带有随葬品，并且这些随葬品大多在女性坟墓中，由此可以看出妇女在当时的社会生活中占有重要的地位，这也是考古学家把半坡遗址认定为母系氏族的原因之一。

历史上的"三皇"、"五帝"分别指的是谁？

中国古书上，把伏羲、女娲、神农称为"三皇"，把太皞、炎帝、黄帝、少皞、颛顼称为"五帝"。

"三皇五帝"是中国在夏朝以前出现在传说中的"帝王"。其实在当时那个年代，他们不过是部落的首领或者领袖。后来由于部落的实力发展壮大，部落成为了部落联盟，他们也就成了部落联盟的领导者。

为什么说颛顼对中华民族的贡献功德无量？

相传颛顼是黄帝之孙，昌意之子，生于若水。传说他的母亲女枢一日突然感受到一种异样的"瑶光"，之后发现自己有孕，从而生下了颛顼。颛顼 10 岁时就懂得政治，20 岁时登帝位，在位 78 年，号为高阳氏，死后被列为五帝之一。濮阳被称为"颛顼遗都"，是颛顼部族活动最频繁的地带。

在《史记·五帝本纪》中也有关于颛顼的记载，里面这样描述颛顼："静渊以有谋，疏通而知事，养材以任地，载时以象天，依鬼神以制义，治气以教化，洁诚以祭祀。"短短两行字充分说

明了颛顼的智慧，他沉静、博识、有谋略。他能根据不同地域因地制宜的进行生产活动；能通过观察日月星辰来制定四时；他还为子民制定出各种礼仪制度，并教育人民应该按时祭祀祖先和天地鬼神。总之在颛顼时期，不管社会生产还是生活都产生了很大的发展。

在颛顼生活的时代，当时还有个由共工氏领导的部族想与他争夺帝位。而且这个部落的首领共工氏据说力大勇猛。于是就向颛顼部落发动了侵略战争。但是颛顼沉着应对，更显出了自己的足智多谋，经过一场浩大的激烈战斗，共工氏被打败，逃逸而死。

当颛顼登上帝位时，他的辖区已经非常之大，《淮南子》曾对他作过概括性的描述："北方之极，颛顼、元冥之所司者万二千里。"在《史记·五帝本纪》中对他作了具体的界定："北至于幽灵，南至于交趾，西至于流沙，东至于于蹯木，动静之物，大小之神，日月所照，莫不砥属。"

总之，颛顼用他非凡的智慧和超人的力量，为中华民族带来了泽福，所以说他功德无量并不过分。

炎黄子孙的称呼是怎么来的？

在中国，中华民族的儿女都会自称为炎黄子孙，那么，炎黄子孙这一称呼是怎么来的呢？

炎黄子孙，也可以叫黄炎子孙。这一称呼是从炎帝和黄帝而来，传说中，炎帝与黄帝都是华夏民族的始祖。他们本来出自同

一口气读懂历史常识

一个部落，后来逐渐分化为分别由他们带领的两个部落，并处于敌对面。经过阪泉之战，黄帝获胜，两个部落渐渐融合成华夏族。因此炎帝和黄帝算是中国文化、技术的始祖。

后来，很多帝王如夏商周帝王，都被称为黄帝的直系子孙，连蛮、夷也被认为是黄帝的子孙。到了最后，几乎后世的所有帝王都声称自己是黄帝的后裔，几乎所有的姓氏都会把自己与炎帝、黄帝，甚至那个时期的臣子联系在一起。一些匈奴、鲜卑之类的少数民族也把自己称为是黄帝子孙、炎黄子孙。

至此，炎黄子孙的名称早已深入华夏民族所有人的心里，一直到清末人们在反抗满族统治的时候，革命党人仍然以"炎帝子孙"、"黄帝子孙"做口号来取得汉人的支持，激进的革命派认为"炎黄之裔，厥惟汉族"；面对西方列强的侵略，中华民族正是以"炎黄子孙"作为号召凝聚全国人民的意志，包括少数民族打破所有界限紧紧靠在一起抵御侵略，这时"炎黄子孙"已经成为集合所有华夏民族的一种标志；抗日战争时期，依然是"炎黄子孙"的口号激励着海内外华人共同抗日。

现如今，炎黄子孙已成为所有中国人的共识，正如所说，"中华民族之全体，均皆黄帝之子孙"。

黄河流域为什么被称为中华民族的"母亲河"？

众所周知黄河流域被称为中华民族的"母亲河"、被誉为中华民族的摇篮，那么黄河流域与中华民族到底有着怎样的渊源呢？

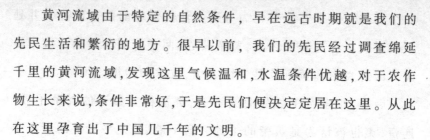

黄河流域由于特定的自然条件，早在远古时期就是我们的先民生活和繁衍的地方。很早以前，我们的先民经过调查绵延千里的黄河流域，发现这里气候温和，水温条件优越，对于农作物生长来说，条件非常好，于是先民们便决定定居在这里。从此在这里孕育出了中国几千年的文明。

从夏、商、周开始到后来的西汉、东汉、隋、唐、北宋等几个强大的统一王朝，它们的中心地区都在黄河中下游一带；这里还产生了许多反映中华民族聪明才智的经典著作；很多标志古代文明科学成就和艺术成就的文明等都是从这里产生的。所以说黄河孕育了中华文明，哺育了中华儿女，因此黄河被称为中华民族的"母亲河"。

什么是禅让制？

中国上古时期推举部落首领最重要的一种方式就是禅让制，在推举部落首领时，由部落各个人表决，以多数决定。相传尧为部落联盟领袖时，四岳推举舜为继承人，尧对舜进行 3 年考核后，让他帮助办事。尧死后，舜继位，也采用同样的方式进行推举，经过治水考验，以禹为继承人。禹继位后，又举皋陶为继承人，皋陶早死，又以伯益为继承人。这就是上古时期部落联盟推选领袖的制度，在历史上称为"禅让"。据说是首领要躲在树林中，然后由族人拥戴他出来。

中国上古时期的禅让制度，最早记载于《尚书》之中。后来中国的王朝更替，也有以禅让之名，行夺权之实的。这些"禅让"

一口气读懂历史常识

主要包括：

公元 8 年，西汉的孺子婴禅让给新朝的王莽；

公元 220 年，东汉献帝刘协禅让给曹魏文帝曹丕；

公元 265 年，曹魏元帝曹奂禅让给西晋武帝司马炎；

公元 420 年，东晋恭帝司马德文禅让给南朝宋武帝刘裕；

公元 479 年，南朝宋顺帝刘准禅让给南朝齐高帝萧道成；

公元 502 年，南朝齐和帝萧宝融禅让给南朝梁武帝萧衍；

公元 557 年，南朝梁敬帝萧方智禅让给南朝陈武帝陈霸先；

公元 581 年，北周静帝宇文衍禅让给隋朝文帝杨坚。

尧为什么会将帝位禅让给舜？

尧，名放勋，又称陶唐氏，是中国上古传说中的五帝之一。尧是一位贤明的君主，他的仁德深受百姓的爱戴，在他当执政期间，国家力量团结，百姓安康，社会生活得到很大改善。

但是尧的儿子丹朱暴虐凶恶，为此尧没有传位给丹朱。尧到年老时，为了选出一位合格的继承人，他就发动四岳十二牧推举部落联盟军事首长继承人，大家一致推荐了舜，然而尧帝也没有匆匆下决定。

为了考察舜，尧将两个女儿娥皇和女英嫁给了舜，在舜的调教之下，二女"甚有妇道"。并派自己的九个儿子跟着舜一起干活，经过严格的考察，对舜的才能和品行都非常放心，才把帝位禅让于他。

你听过大禹治水的故事吗？

尧帝在位时期，黄河流域发生了很大的水灾，庄稼被淹了，房子被毁了，老百姓没有办法，只好往高处搬。尧召开部落联盟会议，商量治水的问题。他征求四方部落首领的意见：派谁去治理洪水呢？经过大家的商议，最后派出鲧去治理洪水。鲧采用堵塞的办法，想以此把洪水堵起来，可是水却越堵越多。鲧花了9年时间治水，也没有把洪水制服。因为他只懂得水来土掩，造堤筑坝，结果洪水冲塌了堤坝，水灾反而闹得更凶了。

舜接替尧当部落联盟首领以后，亲自到治水的地方去考察。他发现鲧办事不力，就把鲧杀了，又让鲧的儿子禹去治水。

禹改变了他父亲的老套做法，开动脑筋，认真调查研究，分析洪灾原因，最后采用开渠排水、疏通河道的办法，把洪水引到大海中去。禹治水长达13年时间，在这期间，他和老百姓一起劳动，戴着箬帽，拿着锹子，带头挖土、挑土，累得磨光了小腿上的毛。经过努力，终于把洪水引到大海里去，地面上又可以供人种庄稼了。

这就历史上著名的大禹治水的故事。

历史上的"九州"指的是什么？

中国历史上的"九州"，其实在战国以前就存在这种说法。齐侯镈钟："成唐（汤）有严在帝所，专受天命……咸有九州，处土禹（禹）之堵。"《左传·襄公四年》传中也记载有："芒芒禹迹，

一口气读懂历史常识

画为九州,径启九道。"

有关"九州"的记载大致有三种说法:

(1)《禹贡》九州:冀、兖、青、徐、扬、荆、豫、梁、雍。

(2)《尔雅》九州:冀、幽、兖、营、徐、扬、荆、豫、雍。

(3)《周礼》九州:冀、幽、并、兖、青、扬、荆、豫、雍。

荆州共占有南阳、南郡、江夏、零陵、桂阳、长沙、武陵、章陵八郡,治在襄阳,在今两湖、两广部分及河南、贵州一带;

兖州指的是今河北省东南部、山东省西北部和河南省的东北部一带;

雍州指今陕西中部北部,甘肃东南部除外,青海东南部,宁夏一带;

青州指东至海而西至泰山,在今山东的东部一带;

冀州指今山西省和河北省的西部和北部,还有太行山南的河南省一部分土地;

徐州指今山东省东南部和江苏省的北部;

豫州指今河南省的大部,兼有山东省的西部和安徽省的北部;

扬州指北起淮水,东南到海滨,在今江苏和安徽两省淮水以南,兼有浙江、江西两省的土地;

梁州指自华山之阳起,直到黑水,应包括今陕西南部和四川省,或者还包括四川省以南的一些地方。

战国时代,齐国博学多才的邹衍。"五德始终说"和"大九州说"是他最著名的理论。但是其原著已经失传,现在仅在《史记》

中能找到他那些著名理论的简要记载。

邹衍先罗列了中国九州（即大禹设定的冀、兖、青、徐、扬、荆、豫、幽、雍）的名山大川、水土不同、物产差别、禽兽异类等可以获得验证的事物，然后推论：既然中国的九州各不相同，那么中国以外还有小九州，都为小海所环绕，各不互通，故小九州又各不相同。

小九州外又有大九州，为大海所环绕，各不互通，大九州也各不相同。

天下共分为八十一州，中国只是八十一州中的一个州，名为"赤县神州"。

一口气读懂历史常识

上古史篇

土古虫篇

是谁开创了世袭制？

夏启原名启，是夏禹的儿子。禹病死后由他继承帝位，打破了中国历史上的"禅让制"，开创了"世袭制"。

关于启的身世，屈原在《天问》中曾提到过，说是禹在巡治洪水时，曾奔走各方，一次，偶然与启的母亲涂山氏相遇于台桑，后来又分别。涂山氏不久后怀孕，在伤心中生下启后就死了。因此启生下来就没有了母亲。禹死后，启自行继承帝位，建立了我国历史上第一个朝代——夏朝，禅让制从此结束。启也成为我国历史上第一个帝王。他西迁到大夏，建都安邑。

启夺位后，就对禹之前欲禅位的伯益进行攻杀，从此开创了家天下的帝王现象。后来和启同姓的有扈氏部落对启进行讨伐，启不幸兵败。为了赢得民心，启开始勤俭节约，过着粗茶淡饭的生活，并严于律己，任用贤能，很快顺乎民意，在人民的支持下，他再次出兵终于打败了有扈氏，巩固了王位，继而把世袭制沿袭了下去。

夏朝为什么被称为奴隶社会的开端？

夏朝是中国史书记载的第一个朝代，而夏朝本身也是奴隶社会的开端。

4000多年前，夏部落首领禹因治水有功，得到了虞舜的重用并将部落联盟首领之位禅让于他。大禹死后，其子启即位，即历史上所谓的"大禹传子"，它宣告了部落联盟"禅让制"的结束和封建世袭制的开始。

根据史书记载，启在钧台（在今河南禹州）建立了中国历史上第一个国家——夏。在夏朝时期，已经出现了人压迫人的现象。

在夏朝以前，人们还在部落里生活。夏朝以后，部落首领在征服其他部落时，缴获了许多战利品和俘虏，那些比较富有的人就把这些俘虏当成奴隶，让他们替自己干活，而他们自己却不再劳动，专门依靠剥削奴隶生活，奴隶事实上已经成为他们的私有财产。这样就形成了奴隶主和奴隶两个对立的阶级，奴隶制也因此成形，奴隶社会也由此开始。

商为什么能灭夏？

商朝是我国历史上继夏之后的第二个奴隶制王朝，它是由商汤建立的。

夏桀的统治可以用两个词来概括：社会黑暗、骄侈淫逸。据说夏王桀健壮有力，但是在骨子里他却非常的暴虐骄奢。在他统治时期，多次举兵讨伐周围小国，连臣服于他的小国都不放过，于是小国怨声载道，也对他开始离心离德。特别是当夏桀得遇倾国倾城的妹喜后，就再也无心挂念朝政，终日与美人厮守，整日寻欢作乐，荒淫到了极点，很快引起了百姓的痛恨。夏朝的统治面临着很大的危机。

而此时的商朝，在首领汤的带领下则采取"宽以待民"的政治策略来笼络民心，当别的国家出现什么灾难困难，汤都会主动对其进行接济，从而不断的扩大自己的影响。另一方面，他还为消灭夏朝做着准备，积极网络人才收集有关夏桀政权的情报信

息。

夏桀看到商族的影响力日益壮大，也对其采取了镇压策略，借召汤入朝之时将其囚禁，汤被囚禁严重地打击了商部，商部使用各种办法贿赂，最后夏桀听信贪财之人，竟然放了汤。

商汤被放回以后，下定决心灭夏，并逐渐付诸行动。在灭掉了与夏关系密切的诸小国后，公元前1600年商汤正式开始了灭夏战争。在商军出征以前，商汤对商军首先进行了一次盛大的动员，历数夏桀的罪行，说明自己出兵灭夏是替天行道，号召部众勇敢作战，一举推翻夏桀的黑暗统治。

此时的夏桀虽然已经放下寻欢作乐、重整旗鼓，但是多年不得人心的统治早已人心涣散，军队无心战斗，夏军很快就被击溃。最后双方军队在鸣条进行了决战，结果显而易见，商军取得了胜利，大破夏军，桀狼狈逃走，据说后来死在了安徽巢县，夏王朝从此被商所取代。

什么是殉葬制度？

殉葬最初不过是一种古老的习俗。在古老的原始社会，人们习惯把自己生前使用的工具、武器以及日用品与死者埋葬在一起。到了奴隶社会，奴隶作为会说话的工具，也被杀死或活埋，用来殉葬，让他们在阴间继续为主人效力。当时用奴隶殉葬已成为一种制度。

在被用来殉葬的奴隶中妇女的比重较大。进入阶级社会以后，妇女的地位日益下降，开始沦为贵族男子的玩物与附庸，因此，在殉葬者中妇女较多。商代卜辞中就有专门杀殉女奴的记

载。

　　当然,殉葬者的身份并非全部是奴隶,也有墓主的妻妾和家臣。到了春秋晚期,奴隶制濒于崩溃,人殉的做法开始引起非议。公元前 621 年,秦穆公死后用 177 人殉葬,其中包括 3 名才能出众、深孚众望的良士。这时在各诸侯国,妇女作为主人婢妾生殉的恶俗也逐渐受到摒弃。

　　史书记载,嬴政在统一六国的过程中,将六国后宫的女人们也给"统一"殉葬了。也由此可知,其殉葬人数的惊人。秦末农民战争不但推翻了秦王朝,而且教训了汉朝的统治者。威名显赫的汉武帝死后,虽然殉葬了大批金银财物、鸟兽鱼鳖、牛马虎豹,但他的几千名妃子、宫女却都保住了性命。

　　从此,除边远少数民族地区外,强制妇女殉葬的制度基本不复存在。但在明朝初期,却再次出现了嫔妃殉葬的制度。明太祖、成祖、仁宗、宣宗和景帝时期,人殉成为皇室的惯例。明太祖死后,共有 40 个妃嫔殉葬,除了 2 个死在太祖之前,最后得以埋在太祖陵墓的东西两侧外,其余 38 人都是殉葬而死。

　　历史上关于殉葬的记载不胜枚举,它说明奴隶社会国家制度的残酷性,奴隶们没有掌握生死的权利,他们的一切都被奴隶主们控制着。

殷墟指的是什么?

　　殷墟指的是商代后期都城的遗址,位于今天的河南安阳小屯村及其周围,距今已有 3300 年的历史。

　　商代从盘庚到帝辛都是以此为都城，达 273 年之久，它是中国历史上现在可以肯定确切位置的最早的都城。中国也对其做了不间断的考古并取得一定成果，对其的考古挖掘，先后发现了很多当时的遗迹如宫殿、作坊、陵墓等，另外还有大量当时王室遗物及大量生产工具、生活用具、礼乐器和甲骨等。

　　殷墟总面积达 24 平方千米以上，是中国第一个有文献可考的古代都城遗址，而且是经过不断的挖掘和考察被证实的。作为商代晚期的都城遗址，殷墟由很多遗址所构成，包括宫殿宗庙区、王陵区和众多族邑聚落遗址、家族墓地群、甲骨窖穴、铸铜遗址、制玉作坊、制骨作坊等。

　　关于文化遗产的价值，中国社会科学院考古研究所所长刘庆柱曾经这样说过，时代越久，历史价值就越高，而商朝则是被国际承认的中国最早的文明起源。所以殷墟的价值可想而知，它早已不仅仅只是一个建筑物，它是一个国家政治、经济、文化的中心，是一个王国的映照，是中华文明甚至人类文明的宝贵财富，它的价值是其他遗产无法相比的。

纣王真的一无是处吗？

　　纣王真名并非为"纣"，其实他正确的名称是商代的第三十二位帝王子辛，也叫"帝辛"。所谓纣王并非他的正式帝号。"纣"的意思是"残又损善"，有点头脑的人都不会给自己取这么个称号，所以"纣"是后人们对他的恶谥。

　　据正史所载，商纣王并不是我们所了解的那么不值一提，据

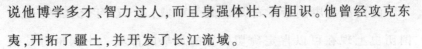

说他博学多才、智力过人，而且身强体壮、有胆识。他曾经攻克东夷，开拓了疆土，并开发了长江流域。

千百年来，纣王的荒淫残暴早已深入人心。的确，要历数他的缺点能有一箩筐，首先他喜好酒色，历史上最著名的就是他对妲己的宠爱。为讨妲己的欢心，他大兴土木，兴建了大规模的宫殿苑囿，在其中放置大量野兽飞鸟，以酒为池，悬肉为林，极尽铺张，沉溺其中。

不仅如此，为了满足他的巨大的开支，他还巧取豪夺，用高赋重税残酷地压榨人民。在刑罚方面，他还大施淫威发明了历史上很著名的"炮烙"的刑具，将对其不满的人砍手跺脚更是常事，最为残忍的是剖开妇人腹部取胎儿来取乐，真是残暴到了极点。纣王的这种暴虐，最终使自己众叛亲离，处于孤立地位，加速了商王朝统治的灭亡。

不过，纣王还是对历史作出了一定的贡献的：他开拓了我国东南疆土和长江流域，促进我国疆域的发展，有利于中原文明的传播；他推行了一系列有利于社会进步的革新措施，如反对神权以及对旧俗的改革；他开创性地提拔了一些下层的有志之士，打破了历来的奴隶主贵族"世袭"制。因此，从社会的发展来看，他奠定了古代中国最终统一的基础，从这点来看，他是统一古代中国的先驱者。

你听过姜太公钓鱼的故事吗？

姜太公姓姜名尚，又名吕尚，是历史上最早的智慧之人，他曾经辅佐周文王、周武王灭商,是周朝的功臣。姜太公钓鱼讲的是他如何得到文王重用的事迹,据说那时他隐居在姬昌所统治的地区,陕西渭水边的一个地方。他希望姬昌能够注意到自己的才智,能够得到任用,进而建立功业。

于是他就经常在溪旁垂钓。但是他的鱼钩不同于常用的弯钩,太公的鱼钩是直的,而且上面也没有挂鱼饵,更特别的是他的钩也并不沉入水里,而是离水面有三尺高。他一边高高举着钓竿,还一边自言自语道:"不想活的鱼儿呀,你们愿意的话,就自己上钩吧!""姜太公钓鱼——愿者上钩"的典故也是由此而来。

其实,姜太公并不是钓鱼,他对一个好奇的砍柴工说,"我不是为了钓到鱼,而是为了钓到王与侯!"很快,太公奇特的钓鱼方法,传到了姬昌那里。姬昌知道后,曾派一名士兵去叫他来。但太公并不给予理会,只顾自己钓鱼,还边说道:"钓啊,钓啊,鱼儿不上钩,虾儿来胡闹!"

姬昌听了士兵的禀报后,经过思量又改派一名官员去请太公来。可是太公依然不理睬,边钓边说:"钓啊,钓啊,大鱼不上钩,小鱼别胡闹!"姬昌得知一切,这才意识到,这个钓者必是才智过人,是难得的贤才,于是决定亲自去请他。在吃了三天素,洗了澡换了衣服后才带着厚礼,亲自前往番溪去聘请太公。太公见他亲自聘请自己,看出他的诚心诚意,这才答应为他效力。

后来,姜太公果然展现出了非凡的智慧,他帮助文王兴邦立国,还辅佐文王的儿子武王姬发灭掉了商朝,建立周朝,立下了奇功伟业,被武王封于齐地,实现了自己建功立业的愿望。

你知道烽火戏诸侯的典故吗？

烽火戏诸侯的典故可能我们并不陌生，他讲的是周幽王的故事。

关于中国的封建王朝我们都知道，国王是国家的最高统治者，他的权利至高无上，但是权利并不是滥用的，如果利用自己的权利为所欲为，最终只能导致自己的灭亡。

周幽王是周朝的最后一个君王。他当政时，统治昏庸无道，整日不理朝政，沉溺于和宠妃的嬉闹酒色。周幽王特别宠爱一个叫褒姒的妃子，可是褒姒却不喜欢笑，为了博得她一笑，周幽王绞尽脑汁。

据说有一天，周幽王带着褒姒到外面游玩，经过骊山烽火台。周幽王告诉褒姒这是传报战争消息的建筑，并向她解释说如果有敌人侵犯边境，只要在烽火台上点燃烽火，诸侯国就会迅速派兵来援助。褒姒听了以后不以为然，她不相信在这样一个地方点把火，就能召来千里之外的救兵。为了证明自己说的没错，也为了讨得褒姒的欢心，周幽王立即下令，让士兵点燃烽火。各地的诸侯很快就得到消息，以为国都受到侵犯，纷纷率领军队前来救援。

可是当各路诸侯率领部队匆匆忙忙赶到骊山脚下时，并没有看到大敌，周幽王正和妃子在高台上饮酒作乐，这才知道被愚弄了。但是诸侯们不敢发脾气，只能率领军队返回。褒姒觉得很好玩，忍不住微微一笑。周幽王一见宠爱的妃子终于笑了，从此

以后就不顾诸侯感受,反复点燃烽火。

过了不久,诸侯们已经不再相信幽王,当周幽王受到申国的攻打时任凭他烽火不断,再没有一个诸侯前来救援。于是,周朝国都很快被攻破,周幽王被杀死,周朝因此而灭亡。

春秋五霸指的是哪五霸?

春秋五霸指的是从公元前 770 年到公元前 476 年春秋时代先后称霸的 5 个诸侯国。春秋时代,可以说是烽烟四起,战火连天。在这一时期发生的重大军事战争就有 400 多次,根据史记中记载,"弑君三十六,亡国五十二,诸侯奔走不得保其社稷者,不可胜数。"

据说,春秋初期诸侯列国共有 140 多个之多,但是经过不断的战争、兼并,到后来只剩较大的 5 个大国之间相互斗争、争夺霸权,这就是"春秋五霸"。

春秋时期,齐国齐桓公任用管仲为相,进行大规模改革,最先成为霸主。公元前 651 年,他大会诸侯于葵臣订立盟约,成为中原第一个霸主。

第二个称霸的是晋文公。在晋楚两军决战时,晋军全歼楚军,此后,晋文公在践土和诸侯会盟。周天子册封晋文公为"侯伯",晋文公成了中原霸主。

后来,楚军与晋军在邲决战,楚军取得胜利,楚庄王也成为了中原霸主。

同时,秦穆公也产生了称霸的野心,开始向西吞并十几个小

国,在函谷关以西一带称霸。

不久,吴国、越国相继强大,两国在东南开始了争霸活动。公元前494年,吴王接连打败越国、齐军,终于在公元前482年,在黄池诸侯会盟,争得了霸权。越国被打败后,越王勾践忍辱负重、卧薪尝胆,终于灭了吴国,与齐、晋等诸侯会盟于徐,成为最后一个霸主。

曹刿是如何帮助鲁国打败齐军的?

曹刿,是春秋时著名的军事家,鲁国的大夫,又叫曹沫,也称曹翙。

鲁庄公十年,齐桓公不顾劝阻派鲍叔牙率大军攻打鲁国。在之前几次交战中,都以鲁国的失败而告终,因此当听闻齐国大军临近,鲁庄公和群臣都大惊失色,不知该怎么抵挡。就在这时,一直隐居的曹刿主动求见庄公,表示可以为击退齐军出谋划策。但是他指出打仗不应该固执于某种阵法,必须根据实际情况随机处理,庄公觉得有道理,就亲自同曹刿带军迎敌。

在长勺,齐、鲁两军早已摆开了阵势。在一开始齐国大将鲍叔牙九有轻敌之心,首先迫不及待地下令击鼓进军。击鼓一响齐军就呐喊着向鲁军阵地冲来。而曹刿要庄公传令全军严守阵地,不得乱动和喧哗,齐军接近鲁军时,鲁军纹丝不动,因冲不破阵势,齐军只好退了回去。于是鲍叔牙又开始第二次下令击鼓进攻,齐军再次呐喊着向鲁军阵地冲来,但鲁阵仍毅然不动。当第三次击鼓进攻的时候,曹刿终于等到时机,让庄公击鼓冲锋。随着鼓声，鲁军的呐喊声响彻如雷，杀声四起，士兵们正蓄势待发，像猛虎出笼般冲杀过去。光是这气势就把对面的齐军震慑，没过多久齐军被杀得丢盔弃甲，狼狈逃走。庄公见齐军败退，正要下令马上追击，被曹刿制止，他仔细察看了齐军溃逃的车辙，又在战车上向齐军逃离的防线观察一会，才下令追击，鲁军获得胜利。

当鲁庄公问及其作战策略时，曹刿解释到，打仗士气尤其重要，齐前两次击鼓进攻，士气早已衰退得差不多了。而我军却是一鼓作气，当然会打败齐军。大军交战虚实难分，所以要查看敌军的逃跑状况后再决定是否追击，以提防有诈。曹刿就是用这些智慧成功地帮鲁国打败了齐国。

楚庄王是怎样"一鸣惊人"的？

"一鸣惊人"这个成语最早出现在《韩非子·喻老》中，韩非子在记载楚庄王奋发图强的故事时，用"一鸣惊人"来比喻他的事迹。韩非子在书里是这么记载的："楚庄王莅政三年，无令发，无政为也。右司马御座，而与王隐曰'有鸟止南方之阜（土山），三年不翅，不飞不鸣，嘿然无声，此为何名？'王曰：'三年不翅，将以长羽翼；不飞不鸣，将以观民则。虽无飞，飞必冲天；虽无鸣，鸣必惊人。'"

这段话楚庄王把自己比喻成南方的一种鸟，据说这种鸟三年不鸣不飞，但一飞便可冲天，一鸣便能惊人。用这种鸟来比喻那些有才智的人，平时沉默不语，但一旦时机来临便可一飞冲天，作出惊世的大业来。

而楚庄王恰恰就是这样的人，他是春秋时代楚国著名的贤君。他虽少年即位，心思敏捷，为了稳住混乱的朝政，他表面上若无其事，3年不理朝政，其实是在暗地里等待时机。他在位22年，为楚国的振兴作出了很大的贡献，首先他私下物色到了一大批忠臣良将真心辅佐，为己所用。其次，在用人方面，他知人善任，不拘一格降人才，重用了苏从、伍参、孙叔敖、沈尹蒸。他还做了许多有关国民切身利益的事，如兴修水利等，并实行重农务商政策。

总之，楚庄王励精图治，在他的领导下，楚国日益强盛，先后灭了许多国家，直接问鼎周王朝。用自己强盛的国力迫使鲁、陈、宋、郑等国归依，终于成为春秋五霸之一。

商鞅是如何变法的？

商鞅是战国时期秦国人，著名的政治家，他是卫国国君的后裔，公孙氏，所以又称卫鞅或公孙鞅。在位执政19年，为秦国的强大作出很大的贡献，他的功绩之中最著名的就是商鞅变法。

当秦国发展到春秋时候，其社会经济的发展已经远远落后于其他国家，包括井田制瓦解，土地私有制产生以及赋税的改革，都比其他国家要晚很久。商鞅的改革主要在政治、经济方面。

商鞅对经济改革的重点是废除井田制、实行土地私有制。与别的国家不同的是，它是唯一用法令的手段要求全国范围内必须实行。具体措施主要有三个方面：

（1）废井田，开阡陌；

（2）重农抑商，奖励耕战；

（3）统一度量衡。

另外，商鞅对政治方面的改革也远远超过之前任何一个人，他首先废除了旧的世卿世禄制，建立新的封建专制主义中央集权制，而后推行郡县制。主要内容包括以下几个方面：

（1）励军功，实行二十等爵制；

（2）除世卿世禄制，鼓励宗室贵族建立军功；

（3）改革户籍制度，实行连坐法；

（4）推行县制；

（5）定秦律，"燔诗书而明法令"。

商鞅变法给秦国带来很大的改变，不仅政治清明，生产力得到了很大的发展，一片"家给人足"的繁荣景象，而且在民心方面也取得了很大的进步。全国百姓争相为国家出力，以为国家立下战功为荣，因此国家战斗力空前强盛，说富国强兵绝不为过，秦已经是战国后期最强大的国家。政治清明、经济发展、军队战斗力提高，为以后秦国的统一大业奠定了坚实的基础。

端午节是为了纪念谁？

端午节是中国古老的传统节日，始于春秋战国时期，至今已有2000多年历史。它最初是为了纪念战国时期楚国爱国将领屈原的。

屈原，是战国时期楚怀王的大臣。他倡导举贤授能，富国强兵，力主联齐抗秦，遭到贵族子兰等人的强烈反对，结果屈原被去职赶出都城，流放到沅、湘流域。他在流放中，写下了《离骚》、《天问》、《九歌》等不朽诗篇，影响深远。公元前278年，秦军攻破

一口气读懂历史常识

33

楚国京都。屈原眼看自己的祖国被侵略，心如刀割，始终不忍舍弃自己的祖国，于五月五日，写下了绝笔作《怀沙》之后，抱石投汨罗江而死。

屈原死后，楚国百姓哀痛异常，纷纷涌到汨罗江边去凭吊屈原。渔夫们划起船只，在江上来回打捞他的尸身。有位渔夫拿出饭团、鸡蛋等食物，丢进江里，说是让鱼龙虾蟹吃饱了，就不会去咬屈大夫的身体了。人们见后纷纷仿效。又有一位老医师拿来一坛雄黄酒倒进江里，说是用药晕蛟龙水兽，以免伤害屈原。后来怕饭团被蛟龙所食，人们又想出用楝树叶包饭，外缠彩丝，成了现在粽子的样子。

打这之后，每年的五月初五，就有了龙舟竞渡、吃粽子、喝雄黄酒的风俗，以此来纪念爱国诗人屈原。

"沉鱼""落雁"分别指的是谁？

"沉鱼"，讲的是西施的故事。西施，名夷光，春秋战国时期出生于浙江诸暨苎萝村，天生丽质。

西施被选送到吴国后，吴王见西施长得如此漂亮，便对西施倍加疼爱，百依百顺，终日沉溺于游乐，不理国事。不久，国力耗费殆尽。此时，越国已是富庶强大之国。越王勾践乘虚而入，出兵攻打吴国，吴国大败。越王达到了复国报仇的目的。这其中，西施是有很大功劳的。

"落雁"，指的是昭君出塞的故事。汉元帝在位期间，汉朝与匈奴交兵不断，边界不得安宁。汉元帝为安抚北匈奴，便选宫女昭君送于北匈奴单于，结成姻缘，以保两国永远和好。那是一个秋高气爽的日子，昭君告别了故土，登上了去往匈奴的途中。一路上，马嘶雁鸣，撕裂她的心肝；想到她即将永远的离开故土，到一个自己陌生的异地，悲切之感，使她心绪难平。她拨动起琴弦，奏起了悲壮的离别之曲。向南飞的大雁听到这悦耳的琴声，看到骑在马上的这个美丽女子，被昭君的惊艳所迷，竟忘记摆动翅膀，跌落地下。从此，昭君就得来"落雁"的代称。

伍子胥为什么会一夜之间白了头？

我们经常会听到这样一句话，"伍子胥过昭关，一夜白头"。

在春秋时期，楚平王是荒淫无耻的君王，他见到自己儿子伍子胥的未婚妻长得漂亮，便在娶妻时用了掉包计把她占为己有。儿子对此非常不满，平王不但不觉得愧疚，还要儿子的老师伍奢来诬陷儿子说他想谋反，伍奢不同意，平王便想杀掉他，而且还在全国通缉伍子胥，而且在楚国的每个关隘、渡口上都下达了通缉令。伍子胥经过多次周折，终于逃出了昭关。到了傍晚，伍子胥在昭关附近的一个森林里碰见了一位老医生，老医生一眼便认出了他，后来老医生说他的一个朋友可以帮他逃走，但伍子胥很难辨别老医生的话是真是假，只好在茅房里等，急得团团转。他真的想让老医生帮他逃走，可又实在怕他去告密，他既恐又愁，等到第二天老医生回来一看，一夜之间，伍子胥的头发竟然全都白了。

事实上，与其说伍子胥的头发是在对老医生的期待与恐惧中变白的，不如说他是在受到楚平王的追杀后而变白的。

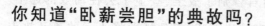

你知道"卧薪尝胆"的典故吗?

"卧薪尝胆"的典故主要出自于越王勾践励精图治、振兴越国的历史事件。

越国是越系建立的国家,越王允常在位时国家渐渐强盛起来,所以楚国就和越国联合起来攻打吴国。公元前469年,当越王勾践即位后不久,即打败吴国。2年后,吴王夫差攻破越都,勾践被迫屈膝投降,并随夫差到吴国,臣事吴王。

勾践到了吴国,夫差让其住在阖闾的大坟旁边一间石屋里,叫勾践给他喂马。范蠡跟着做奴仆的工作。夫差每次坐车出去,勾践就给他拉马,这样过了2年,夫差认为勾践真心归顺了他,就放勾践回国。勾践回到越国后,立志报仇雪耻。他唯恐眼前的安逸消磨了志气,在吃饭的地方挂上一个苦胆,每逢吃饭的时候,就先尝一尝苦味,还自己问:"你忘了会稽的耻辱吗?"他还把席子撤去,用柴草当作褥子。这就是后人传诵的"卧薪尝胆"。

勾践决心要使越国富强起来,他亲自参加耕种,叫他的夫人自己织布,来鼓励生产。因为越国遭到亡国的灾难,人口大大减少,他订出奖励生育的制度。他叫文仲管理国家大事,叫范蠡训练人马,自己虚心听从别人的意见,救济贫苦的百姓。全国的老百姓都巴不得多加一把劲,好叫这个受欺压的国家变成强国。

公元前482年,吴王夫差为参加黄池之会,率领全部的精锐部队,剩下的只有太子和一些老弱的人守国。越王勾践乘虚而入,大败吴师杀吴太子。夫差仓卒与晋定盟而返,连战不利,不得

已而与越议和。

公元前 473 年，越军再次大破吴国，吴王夫差被围困在吴都西面的姑苏山上，求降没有成功，最后自杀身亡，吴国灭亡。越王勾践平吴，声威大震，勾践实乃春秋末期最后的一个霸主。

孟母是怎么做到让孟子安心学习的？

孟子小的时候是个贪玩淘气的孩子，由于家里贫穷，母亲靠着纺纱织布维持生活，但母亲一心想把孟子抚养成人，经历多次周折，才让孟子成了一个历史上著名的大学问家。

孟子从小丧父，全靠母亲倪氏一人日夜纺纱织布，挑起生活重担。倪氏是个勤劳而有见识的妇女，她希望儿子读书上进，早日成才。

一次，孟母看到孟子在跟邻居家的小孩打架，还和村里的孩子们一起上树掏鸟窝，下河摸鱼虾，常常玩得忘记了回家。孟母觉得这里的环境不好，于是搬家了。

可是，孟母看见邻居铁匠家里支着个大炉子，几个满身油污的铁匠师傅在打铁，孟子跟着铁匠打起铁来，且玩得起劲着呢！孟母一想，这里环境还是不好，于是又搬了家。

这次她干脆把家搬到了荒郊野外。她以为，搬到荒郊野外，就没有人为的干扰，儿子就能专心念书了。可是一天，孟子看到一溜穿着孝服的送葬队伍，哭哭啼啼地抬着棺材来到坟地，几个精壮小伙子用锄头挖出墓穴，把棺材埋了。他觉得挺好玩，就模仿着他们的动作，也用树枝挖开地面，认认真真地把一根小树枝

一口气读懂历史常识

37

当作死人埋了下去。直到孟母找来,才把他拉回了家。

孟母第三次搬家了。这次的家隔壁是一所学堂,有个胡子花白的老师教着一群大大小小的学生。老师每天摇头晃脑地领着学生念书,那拖腔拖调的声音就像唱歌,调皮的孟轲也跟着摇头晃脑地念了起来。孟母以为儿子喜欢念书了,高兴得很,就把孟子送去上学。

有一天,孟子耐不住枯燥乏味的课堂,逃学了。孟母知道后伤透了心。等孟子玩够了回来,孟母把他叫到身边,说:"你贪玩逃学不读书,就像剪断了的布一样,织不成布;织不成布,就没有衣服穿;不好好读书,你就永远成不了人才。"说着,抄起剪刀,"哗"的一声,把织机上将要织好的布全剪断了。

孟子吓得愣住了。这一次,孟子心里真正受到了震动。他认真地思考了很久,终于明白了道理,从此专心读起书来。由于他天资聪明,后来又专门跟孔子的孙子子思学习,终于成了儒家学说的主要代表人物,也是我国历史上著名的思想家、教育家。

你听过"荆轲刺秦王"的故事吗?

战国末年,随着国力的增强,秦王想吞并诸国,统一天下,而当时国力稍次于秦的燕国就成了亲王嬴政的心腹大患。

后来,秦王政采取措施拆散了燕国和赵国的联盟,使燕国丢了好几座城。燕国的太子丹原来留在秦国当人质,他见秦王决心兼并列国,夺去了燕国的土地,就偷偷地逃回燕国。他恨透了秦国,一心要替燕国报仇。但他既不操练兵马,也不打算联络诸侯共同抗秦,却把燕国的命运寄托在刺客身上。他把家产全拿出来，找寻能刺秦王政的人。

后来，他物色到了一个很有本领的勇士，名叫荆轲。公元前230年，秦国灭了韩国；过了2年，又一直向北进军，逼近了燕国。丹这时非常着急，就去找荆轲，命他去刺杀秦王。荆轲说："行是行，但是要怎么接近他呢？"听说秦王早想得到燕国最肥沃的土地督亢（在河北涿县一带）。正好秦国将军樊於期，现在流亡在燕国，秦王正在悬赏通缉他。荆轲想办法把这两件事情都办妥了，然后于公元前227年，从燕国出发到咸阳去。太子丹带领宾客去给他送别，临行时，荆轲给他们唱了首歌，就此分别了。

荆轲到了咸阳。秦王一听燕国派使者把樊於期的头颅和督亢的地图都送来了，十分高兴，就决定在咸阳宫接见荆轲，荆轲捧着装了樊於期头颅的盒子，秦舞阳捧着督亢的地图，一步步向秦王逼近。秦舞阳见到秦国朝堂威严的样子，便害怕得发起抖来。荆轲从秦舞阳手里接过地图，捧着木匣上去，把它献给秦王。秦王打开木匣，果然是樊於期的头颅，然后又叫他拿地图来。荆轲把一卷地图慢慢打开，到地图快要完全打开时，预先卷在地图里的匕首就露出来了。秦王一见，惊得跳了起来。荆轲连忙抓起匕首，左手拉住秦王的袖子，右手把匕首向秦王胸口直扎过去。秦王见势不妙，连忙躲闪，结果把袖子挣断了。荆轲还是紧追不舍，他们绕着朝堂上的大铜柱子跑。当时秦国有个规矩，没有秦王的命令不准上殿，所以大臣们也没有行动。其中有个官员是秦王的医生，叫夏无且，急中生智，拿起手里的药袋对准荆轲扔了过去。荆轲用手一扬，那只药袋就飞到一边去了。利用这一眨

眼的工夫，秦王往前一步，拔出宝剑，砍断了荆轲的左腿。荆轲站立不住，倒在地上，之后被士兵乱剑所杀。荆轲刺秦王的策划也就此失败。

我国最早的医学著作是什么？

中国最早的医学著作是《黄帝内经》，也可简称为《内经》，它是最早一本全面总结秦汉以前医学成就的医学理论经典著作。

根据考证，这本书大约写于战国秦汉时期，书稿原称《内径》，"黄帝"二字是后人加上的。书的内容包括9卷的《素问》和9卷的《灵枢》，范围包括了医学基础理论、针灸、方药等，为我国传统医学理论体系奠定了广泛的基础，成为我国中医理论的法则。

哪个朝代最早使用圆形方孔钱？

在秦始皇统一全国以后，也统一了全国货币，货币分为上币和下币两种，上币是指黄金，下币就是指铜钱，因为铜钱的单位是"镒"（20两），所以当时就叫做半两。

这种铜钱就是我们所说的圆形方孔钱，它是我国铜钱的固定形式，一直沿用到清朝末年，大约有2000多年的历史。然而在战国时期，最早使用圆形方孔钱的并不是秦国，而是中原各国。战国时期，中原三晋地区最早出现了圆形方孔钱。这种圆形钱最初起源于古代玉环、玉璧或纺轮。由于环钱形小易铸，加上便于携带等优点，很快被诸侯各国所接受，秦始皇统一全国以后就一直沿用了这种铸钱的方法。

都江堰是谁修建的?

世界古老水利工程之一的都江堰是由战国时期的水利家李冰修建的。

李冰的儿子李二郎在前人治水的基础上,在岷江流域承办了许多水利工程,其中最著名的就是他们在都安县率领劳动人民修筑的都江堰。

战国时期,秦国向西南发展,吞并了蜀国,设置了蜀郡。在秦灭蜀国60多年后,即公元前251年,秦昭襄王任命李冰为蜀郡守。蜀郡地处平原,岷江穿流其中,土地肥沃,水源充沛,是发展农业的好地方。但那时岷江水患非常严重,每年夏秋季节,洪水泛滥导致人民生活困苦不堪。李冰任蜀郡守后,决心改变这种情形,率领人民兴修水利,以解除灾害,开发蜀郡。

为了彻底治理水患,李冰和儿子二郎,邀请了有治水经验的人,对岷江沿岸地形和水情进行详细的调查和勘测。根据当地人民的意见,再经过实地勘察,决定开凿玉垒山,以达到分洪减灾,引水灌溉的目的。

治理岷江的工程开始后,李冰和上万民工一起开山凿石。筑成的分水堰上尖下宽,又名金刚堤(分内外金刚堤)。金刚堤延伸到岷江中心的堰头,远望好像一个大鱼嘴,所以又称"分水鱼嘴"或"都江鱼嘴"。

都江堰的建成,对岷江水害起了根治性的作用。为了保证整个灌溉分流,以及都江堰的长久效益,李冰父子又制定了都江堰

的岁修原则和制度。

李冰开发蜀郡为发展成都平原的农业生产作出了很大的贡献。所以李冰去世之后,蜀郡人民非常怀念他,在都江堰内江东岸修建了二王庙,以纪念有功于人民的李氏父子。

中国历史上的第一个太监是谁?

早在周朝就开始有了太监制度,但是没有留下第一个做太监的人的名字。有名姓记载的第一个太监是齐桓公姜小白时代的竖刁。

竖刁本来就是齐桓公的侍人,没什么本事,不过人很聪明也很会奉承,为了让齐桓公更宠信自己,于是冒着生命危险自宫。这个险没有白冒,最终作为齐桓公的男宠,以身侍人,讨得了齐桓公的欢心,得尽宠信。

"竖刁"同"竖貂","竖"的本义是短小,引申为童仆,又引申为宫中供役使的小臣。貂是一种动物,长于寒带,聪明伶俐,生性慈悲。若是看到有人躺在地上,便跑出来用自己的身体去温暖人。历史上有很多以动物入名的人,竖貂的最初命名也许与貂这种动物有关,都是用身体缠偎着人。只不过竖貂是用自己的身体去取悦齐桓公,而貂是用自己的身体去温暖人。

不过"竖貂"这个名字开创了两个传统:①后世用"竖刁"或"竖刀"蔑称侍人貂,泛指阉宦奸臣。也有了关于宦官的更加著名的称呼——阉竖。②作为一种官职的装饰。从秦朝沿袭下来的文官名中常侍,按照礼制,帽子上装饰着"银珰左貂",汉光武帝刘

秀以后，这个官职就专用宦官充任，装饰也改为"右貂金珰"。

宦官充任的这个官职，吸取借鉴了竖貂的装饰灵感，从而使这一装饰固定为一种代代相袭的礼制。

中国第一个封建制皇帝是谁？

秦始皇是中国第一个开创封建社会的皇帝。

秦王嬴政兼并了六国，结束了战国时期割据分裂的局面，统一了中国。为此，秦始皇觉得自己的功绩比古代传说中的三皇五帝还要大，于是就废除了"王"的称号，在三皇五帝中取得灵感，采用了"皇帝"作为自己的称号。他就是中国第一个皇帝，自称秦始皇帝。他还规定：子孙接替他的皇位必须按照次序排列，第二代叫二世皇帝，第三代叫三世皇帝，这样一代一代传下去，一直传到千世万世。

为了巩固自己的帝位和秦朝的长治久安，秦始皇实行了一系列加强中央集权、巩固国家统一的政策。他规定，皇帝拥有至高无上的权力，大臣只能参政议事，没有决策权。官职的划分也很精细，中央主要有丞相、御史大夫、太尉，称为三公，分掌行政、监察、军事，环环相扣，大权皇帝独揽。统一了度量衡、货币和文字。他制定一系列政策，建立了中国历史上第一个统一的、多民族的、专制主义中央集权制国家——秦朝。

虽然在有些方面，秦始皇采取了一些残酷的政策，比如焚书坑儒、修筑长城等等，但同时他也为中华民族的统一和文化传承做出不可估量的贡献，也因此有了"千古第一帝"的美誉。

焚书坑儒的罪魁祸首是谁？

"焚书坑儒"这场历史上著名的文化浩劫，虽然决断者是秦始皇，但始作俑者绝不止是他一个人。

大家有没有仔细想过一个能接纳《谏逐客书》中意见的君主，为什么对李斯以外的读书人以及他们的书籍那么的仇恨。这必然是有原因的，那么究竟是什么导致了焚书坑儒这个事件的发生呢？首先，我们看一下整件事的始末。

《史记·秦始皇本纪》中记载，公元前213年的一天，秦始皇在咸阳宫设置酒席宴请群臣。其中一个人对始皇帝歌功颂德了一番，无外乎说些什么四海升平陛下威德一类的话。

这时淳于越立刻反驳，认为始皇帝应该向古人学习，分封子弟功臣。秦始皇并没有发表意见，而是把淳于越的意见交给大家去讨论。

李斯借此提出了"五帝不相复，三代不相袭"这个著名的口号。他认为，历代统治者按照自己的方法来治国，是因为时代在变，治国方法自然也要变。而秦始皇开创的大业，建立的万世功劳，本来就不是愚儒所能理解的。而且有些读书人总喜欢拿古旧的东西来抨击现在，惑乱百姓。这样下去皇帝的威信会下降，而下面就会结党，必须要禁止它。

之后李斯正式提出了焚书的主张，他进言凡是不以秦为正宗的历史书，全烧了。不是担任博士官的，有藏诗书百家著作的，也都让官员给烧了。有在一起谈论诗书的，杀了以后抛尸街头。

一口气读懂历史常识

用过去否定现在的人，官吏知道而不举报，与他同罪。命令下达30天后，还不把诗书烧掉的，脸上刺字，去修筑长城。医药、卜筮、种树的书不烧，如果想要学法令，只能拜官吏为老师。

秦始皇采纳了李斯的建议，焚书就这样开始了。

"焚书坑儒"的行为确实是秦始皇亲自下令并且执行的，可在整件事件中，李斯具有不可推卸的责任。而儒生在当时的观点和行为，也并不全都是对的。

宦官干政最早发生在什么时候？

宦官虽然产生于春秋，但真正意义上的第一个掌权的太监却是秦帝国建立后的赵高。

中国政治制度的势力主要分为4股，一股是皇权势力，一股是朝臣势力，一股为外戚势力，还有一股便是宦官势力。

春秋时，宦官并未在当时产生什么势力。后来秦国的嫪毐虽然是权倾一时，但是他也只是名义上的太监，实际上并不是。而赵高却是货真价实的太监。

赵高很聪明也很会把握时机，更能竭尽所能地利用一切可利用资源。开始他先暗中扣压了遗诏，等到时间成熟，便带着扣压的遗诏去见胡亥，一番肺腑之言、贴心之语说得本就梦想着皇帝宝座又不敢轻举妄动的胡亥蠢蠢欲动，不过还是有些犹豫。赵高早就摸透了他的心思，胸有成竹地让他放心，并主动为了胡亥这个难得的机会去拉拢丞相李斯。

李斯一开始不光拒绝了他，还义正辞严地教训了他。赵高知

一口气读懂历史常识

道李斯不会答应，便往李斯软肋上戳。他提醒李斯担任丞相在才能、功绩、谋略等方面都不如蒙恬，而李斯正是一直都担心自己有失宠的一日，于是，经过激烈的思想斗争，他终于向赵高妥协了。两人合谋，假传圣旨，立胡亥为太子，并以"不忠不孝"的罪名赐死扶苏和蒙恬。

秦二世登基，赵高利用二世对他的宠信，在朝中安插了大批亲信。胡亥还乐得把朝野大事交给赵高代理，于是不再上朝，一味寻欢作乐，决断之权大部分落到了赵高的手中。

至此，赵高专权，荼毒天下，也很快导致了秦王朝的灭亡。

以县作为行政区域是从哪朝开始的？

早在秦始皇当政时期，县就已经开始作为地方行政区划。

秦始皇统一六国之后，他吸取了前代君王使用的分封制导致诸侯国强大最后使国家灭亡的教训，从他上台执政的那一天，就在全国全面推行郡县制，他把天下分为36个郡，后来又由于边境的开发增加到46个，每个郡下面都设有若干个县，县作为行政区域就是从那个时候开始的。并且从秦朝开始，中国基层一方的行政区域，主要都成为县，在数量上也比较稳定。

你知道历朝历代修建长城的目的吗？

长城是从秦朝开始修筑的，当时修筑长城是为了抵御外敌的侵略，跟创造奇迹沾不上一点边。从嘉峪关到山海关是明朝时期修筑的，然后就成了一个举世瞩目的奇迹。

长城，原本是战国时期燕、赵、秦诸国加强边防的产物。战国时期,长期居住在我国北部大沙漠的匈奴经常向我们发出侵扰,为了对付这种扰攘,北方各国便各自筑城防御。秦朝后,派大将蒙恬率30万大军北伐匈奴,又将原来燕、赵、秦三国所建的城墙连接起来,加以补筑和修整。补筑的部分超过原来三国长城的总和,成为西起甘肃临洮、东至辽宁东部的"万里长城"(今长城为明代重修,西起嘉峪关,东迄山海关,全长6000多千米)。

明朝初年,明太祖朱元璋为了防止北部蒙古族的侵扰,又派大批军队修建长城,由徐达率领。徐达将长城更加完美化,他不但整修了原有的长城,还增修了许多敌楼、关隘和烽火台等建筑。明朝修筑了近200年的时间,终于完成了东起辽东的鸭绿江,西至甘肃嘉峪关,全长1.27万里(合6350千米)的伟大建筑。

如今,长城不仅是世界的奇迹,同时也是我们中华民族的象征和骄傲。

你听过"四面楚歌"的典故吗?

西汉史学家司马迁在《史记·项羽本纪》中有记载:"项王军壁垓下,兵少食尽,汉军及诸侯兵围之数重。夜闻汉军四面皆楚歌,项王乃大惊,曰:'汉皆已得楚乎?是何楚人之多也。'""四面楚歌"由此成为一个历史典故。

那么这个典故发生的时代背景到底是怎样的呢?秦朝灭亡以后,两大起义首领项羽和刘邦原来约定以鸿沟(在今河南荥县境贾鲁河)东西边作为界限,互不侵犯。后来刘邦听从张良和陈平的规劝,觉得应该趁项羽衰弱的时候消灭他,于是就又和韩

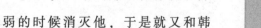

信、彭越、刘贾会合兵力追击正在向东开往彭城（即今江苏徐州）的项羽部队。最终刘邦布置了几层兵力，把项羽紧紧围在垓下（在今安徽灵璧县东南）。

这时，项羽手下的兵士已经很少，粮食又没有了。刘邦采取了心理战术，他把部队驻扎在项羽营外的楚地上，夜里围在四周唱起楚地的民歌，项羽不禁非常吃惊地问："刘邦已经得到楚地了吗？为什么他的部队里面楚人这么多呢？"说着，心里已丧失了斗志，便从床上爬起来，在营帐里面喝酒，自己写了一首诗，诗曰："力量能搬动大山啊，气势超压当世，时势对我不利啊，骏马不能奔驰。骏马不能奔驰啊，如何是好，虞姬虞姬啊，我怎样安排你！"，并和他最宠爱的妃子虞姬一同唱歌。唱完，直掉眼泪，在一旁的人也非常难过，都觉得抬不起头来。虞姬自刎于项羽的马前，项羽英雄末路，带了仅剩兵卒至乌江，最终自刎于江边。

因为这个故事里面有项羽听见四周唱起楚歌，感到吃惊，接着又失败自杀的情节，所以后人就用"四面楚歌"这句话，形容人们遭受各方面攻击或逼迫的人事环境，而致陷于孤立窘迫的境地。

中古史篇

陈平是怎么帮汉高祖在"白登之围"中脱身的？

陈平是一位非常有才华的智士。在秦朝末年,楚汉相争,风云变幻,英雄豪杰辈出的情况下,他为汉朝江山立下了汗马功劳。

· 他最开始投奔的是魏王,可惜魏王是个成不了大事的人,于是他又投到了项羽的旗下,同样,在这里仍然无法展现他的才能,最后他又投奔了刘邦。

陈平的确很有才能,也得到了刘邦的认同,但很多人还是提出了异议,尤其是那些心怀不满的人,不时的进言让刘邦犹豫了,不过最后他还是为自己的怀疑道了歉并重用陈平。

汉高祖刘邦建立汉朝后,韩王信投降匈奴,使得匈奴对汉王朝的实情了解得更加清楚,因而率领大军南进,越过句注山,向太原郡进发;不几日,便抵达晋阳城下。汉高祖亲自率领大军追击,当时正赶上天上降大雪,天寒地冻。冒顿单于假装败走,引诱汉兵。把老弱残兵暴露在外,而将精兵隐蔽起来,汉高祖果然上当,带领汉军乘胜追击。他率前队兵马首先到达平城(今山西大同市东北),由于汉军大都是步兵,大队人马尚未赶到。就在这时,冒顿单于令精锐骑兵突然出击,把刘邦隔离在了白登山,汉高祖身陷在匈奴骑兵的重重包围之下,周围的汉军没法救援,又没有军粮的接济,粮食断绝,士兵们七天七夜都没有饭吃,情势万分危急。

这时,陈平给汉高祖献了一计。他找画师画了一名美女,然

一口气读懂历史常识

后派人把图送到冒顿的爱妾阏氏手上，告诉她汉朝皇帝被困在这里出不去，所以准备把这个美女献给单于。阏氏见画上女人貌美倾城，怕如果让汉朝皇帝把这个美女给了单于，她自己估计就会失宠，为了保住自己的地位，她劝冒顿放刘邦一马，于是匈奴网开一面，汉军得以突出重围。

这次大战是汉王朝建国后与匈奴大军的第一次全面的交锋，最后却以陈平用计成功帮助汉高祖脱险而告终，为汉王朝的巩固奠定了基础。

中国历史上第一个掌权的女人是谁？

吕后没有称帝，但她却是中国历史上第一个掌权的女人。吕后虽然美丽，但却非常狠毒，她特别有野心，曾经想过把汉朝从刘姓改成吕姓。

吕后名雉，她比刘邦小 15 岁，嫁给刘邦的时候，她还是一个十五六岁的漂亮小女孩，刘邦则已经是个 30 岁左右的亭长了，亭长大概相当于现在的乡镇干部，没有品级，所以在常人看来，吕雉这个美女嫁给刘邦，简直是一朵鲜花插在牛粪上。但美丽的鲜花常靠粪当家，如果没有刘邦这块大粪当家，吕雉绝对不会有后来的政治成就。

刘邦继承了秦朝的基础统一中国后，分裂势力还相当强大，许多人梦想恢复西周时代分封诸侯的奴隶制割据的局面。吕后在帮助刘邦打击分裂势力的斗争中起了积极的作用。最典型的事例是在刘邦出征时，吕后在萧何等人的支持下，在未央宫用计谋诛杀了韩信。韩信虽然在楚汉相争的过程中有功于刘

一口气读懂历史常识

氏统治集团，但在刘邦统一中国后，韩信则站到了分裂主义一边，这是不符合历史潮流的，所以吕后诛杀韩信是具有推动历史进步的作用的。

刘邦只当了 12 年皇帝就死掉了，在此后的 15 年中，是吕后统治着中国，在巩固政权的统一，恢复和发展被战乱破坏的经济方面，吕后的历史功绩是应该给予正面评价的。在她掌权的年代，确实杀过一些"功臣"，但那些人都是能威胁到刘氏政权的人物，至于忠心于朝庭的大臣，如萧何、曾参、王陵、周勃、陈平等，她还是信任的。在她独立掌政的 15 年中，很有一些为人称道的政绩。她在执政时期减轻了老百姓的负担，导正了社会风气，废除了许多繁苛的法令，尤以废除"三族罪"和"妖言令"为百姓所称道。

《史记》和《汉书》都称赞她："高后女主，制政不出闺阁，而天下晏然，刑法罕用，罪人是希，民务稼穑，衣食滋殖。""民务稼穑，衣食滋殖"八个字就是人民生活水平提高的概括，从老百姓的角度看，她是个好"女主"。

晁错为什么会惹来杀身之祸？

晁错是西汉初期的一位政治家，他学贯儒法，知识渊博，深受文、景两帝的器重和宠信。晁错对皇帝忠心耿耿，不仅是为了自己的政治理想，也一心为着汉朝的长治久安。可是这个廉洁正直的官员最后却没有一个好下场。晁错的死，是西汉初年的一大冤案。

景帝前元三年，晁错为了实现自己的政治理想，巩固大汉王朝的千秋大业，向汉景帝上书《削藩策》。汉景帝听从了晁错的建议，开始了"削藩"。这些诸侯国的力量也很强大，他们土地多，势力大，如果他们联合起来，对汉朝的统治相当不利。"七国之乱"爆发后，朝廷的这一政策，立即激起了各诸侯王的强烈不满，吴王刘濞首先决定起兵反叛，用晁错的观点来说，他提出《削藩策》是因为吴王必反。因为当时的吴国地处长江中下游，富饶之国，鱼米之乡，吴王煎矿得钱，煮水得盐，富甲一方，势可敌国，这样下去，必有尾大不掉之势，成为中央政权的隐患，因此必须削减其势力。朝廷的大臣都把这些归罪于晁错提出的那些政策，他们认为如果没有晁错的这些政策，他们就不会反抗，一时间，朝廷的大臣们都认为把晁错杀了是最好的办法。景帝想，那些诸侯王是与自己同一个祖先的亲戚，而晁错不过是一个大臣，也为了保全自己的皇位，他就狠下心下令把晁错杀了。晁错死后，七国依然没有一点退兵的意思。

晁错的蒙冤而死成为文、景时代最著名的两大政治悲剧之一。晁错的直接死因是朝廷大臣给他拟定的罪名是无臣之礼，大逆不道。当然，晁错最大的错误是太相信皇帝了，他认为只要他忠心耿耿，只要他一心为公，皇帝怎么都会保他，没想到……文帝、景帝虽然在历史上算是好皇帝，但同样也要杀人的。

这就是晁错之错，他太急于成功了，他就想在自己有生之年，实现自己的政治理想和政治抱负，干成一件惊天动地、轰轰烈烈的大事，他也太个人英雄主义了，他不知道即使是一个

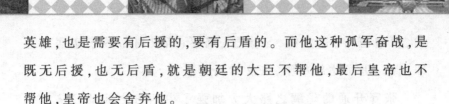

英雄，也是需要有后援的，要有后盾的。而他这种孤军奋战，是既无后援，也无后盾，就是朝廷的大臣不帮他，最后皇帝也不帮他，皇帝也会舍弃他。

历史上著名的"丝绸之路"是谁开辟的？

历史上的"丝绸之路"是由张骞开辟的。

公元前138年，为了联合大月氏共同对付匈奴，汉武帝派张骞为特使率100多人出使西域。不料，张骞的使团出了阳关不久，就被匈奴给抓了起来。张骞被关了10年之久，终于找到了机会逃脱。接着他到了大宛国，然后又从大宛国到了康居国，最后历经千辛万苦到达了大月氏国。但是这个时候大月氏已经不想再与匈奴作战了，张骞只好重新回到大夏国，在这期间，他了解到了许多地理知识和世界各国的情况。

张骞出使西域，虽然没有达到与大月氏联合的目的，却打通了一条通往西域的通商之道。在公元前119年，张骞第二次出使西域，这次，他率领庞大的队伍，带了中国的丝绸、茶叶等特产，还从西域带回来了毛毯、貂皮、骆驼等商品。

张骞开通了这条从中国通往欧、非大陆的陆路通道。这条道路，由西汉都城长安出发（东汉时由都城洛阳出发），经过河西走廊，然后分为2条路线：①由阳关，经鄯善，沿昆仑山北麓西行，过莎车，西逾葱岭，出大月氏，至安息，西通犁靬（音jiān，今埃及亚历山大，公元前30年为罗马帝国吞并），或由大月氏南入身毒。②出玉门关，经车师前国，沿天山南麓西行，出疏

勒，西逾葱岭，过大宛，至康居、奄蔡（西汉时游牧于康居西北即咸海、里海北部草原，东汉时属康居）。

张骞开通的丝绸之路大大加强了中西方之间的经济文化交流，汉武帝称他为"博望侯"。

司马迁是在什么情况下创作《史记》的？

《史记》是西汉时期司马迁编著的，是我国历史上第一部编年体通史。司马迁的父亲在位时就已经开始编著《史记》，不过临终时也没有完成，就把这个任务托付给了司马迁，后来，司马迁继任父亲太史令之职，开始写《史记》，10多年后，终于完成。虽然后来司马迁被汉武帝处以残酷的腐刑，甚至多次他都想自杀，但最后还是坚持了下来，帮父亲实现了愿望，也完成了我国历史上第一部伟大的历史巨著。

司马迁祖祖辈辈都有人在朝廷里做官，虽然都是文官，地位并不显赫，但司马迁也以此为荣。也是由于这个原因，他从小就读过各种书籍，搜集了许多史料。青年时代的他，游历过中国许多风光优美、古迹众多的地方，不但开阔了眼界，也增长了知识，为日后创作《史记》打下了坚实的基础。当他饱览历史，继任了太史令，一切条件都具备了，开始着手写一部记录中国历史巨著的时候，厄运却降临在了他的头上。

苏武出使匈奴却战败了，汉武帝派李广利带兵攻打匈奴，结果又是打了个大败，几乎全军覆没，李广利逃了回来。李广的孙子李陵又带兵跟匈奴继续作战。单于亲自率领3万骑兵把

一口气读懂历史常识

李陵的步兵团团围困住。李陵被匈奴逮住,投降了。

大臣们都谴责李陵不该投降,汉武帝问司马迁意见。司马迁说:"李陵虽然打了败仗,可是杀了这么多的敌人,也可以向天下人交代了。"汉武帝听了,认为司马迁不该这样为李陵辩护,就把司马迁下了监狱。因为没钱赎罪,司马迁被判受腐刑。腐刑对司马迁来说是一件很丢脸的事,他几乎想自杀,但想到自己有一件极重要的工作没有完成,不应该死,就一直咬牙坚持了下去,完成了我国古代最伟大的历史著作——《史记》。

我国第一部历法是什么?

中国第一部确切的有文字记载的历法应该是汉武帝时期制定的《太初历》。它不仅是我国第一部比较完整的历法,也是当时世界上最先进的历法,它问世以后,一共行用了 189 年。

《太初历》成书于公元前 104 年(汉武帝太初元年)。可是早在公元前 111 年的时候,司马迁就建议汉武帝改革历法。他的说法是,一个新的朝代的诞生,就要改变记岁的立法和代表这个朝代的服装颜色。可直到汉武帝晚年,他觉得自己的政治成就开创了一个新时代,才接受了这种观念,令 20 多个人一起合作,改订历法。

经过 7 年的观察与推算,在历史上第一次推算出 135 个月的日食周期以及五个行星的会合周期。根据这部历法,汉朝终止了沿用秦朝的每年十月为岁首的计年方法,而以正月为一年的开始,这正与夏历相合。与此相应的,还有服色、礼仪制度等方面的改变。

汉朝时期是怎么抗击匈奴的？

汉武帝抗击匈奴是发生在西汉年间的一件影响重大的事件。匈奴虽然是北方的一个游牧民族，但早在汉朝初年的时候，他们就已经建立了奴隶国家，经济力量强胜。东面打败了东胡，西面又赶走了甘肃境内的大月氏，北面臣服了丁零族，而南面又经常向汉朝边境发出进攻，严重地威胁着汉朝封建政权。

早在汉高祖刘邦在位时，就采取过很多办法抗击匈奴，还采取"和亲"政策，把宗室女子嫁给匈奴首领，并送去一定数量的黄金、绢、絮、米、酒，允许人民往来买卖。以后几代皇帝，虽然一度注意改革边防制度，实行屯田垦荒，但都没能彻底解决这个问题。

汉武帝16岁即位时，汉朝已建立60多年，封建政权巩固，经济上也有了实力。因而，他有条件和匈奴进行斗争，从根本上解除其对内地的威胁。

公元前133年，汉武帝召集群臣商议对匈奴的政策，从公元前133年至前119年，汉武帝派兵和匈奴进行了多次作战。其中决定性的战役有3次：河南之战、河西之战和漠北之战，为了抵御匈奴的进攻，汉武帝又重修了秦代的旧长城，派兵驻守。

汉武帝取得了抗击匈奴战争的胜利，使国家更加统一，长城内外"马牛放纵，畜积布野"，为汉朝经济文化的发展创造了

一口气读懂历史常识

极为有利的条件。

王昭君为什么要远嫁匈奴？

汉元帝时期，虽然国泰民安，但与汉武帝时期相比，实力已经大大衰退。呼韩邪单于已经归顺，但是匈奴仍然是汉朝一大边患，而汉朝此时也没有实力再发起像霍去病、卫青统帅的对匈奴的大反击，所以，汉元帝只有继续采取和亲的政策，以稳定边境。

王昭君，是齐国王襄的女儿，当她17岁的时候，被选入宫中。汉元帝是按画工的画像选宫女的，后宫的宫女们，都希望能被皇上幸召，总想把自己画得美点，她们不惜重金贿赂画工。王昭君初入宫廷，不懂这些规矩，再加上认为自己美貌，不愁皇上不召见。据说，画工毛延寿在画王昭君时，曾暗示过她，但王昭君没有搭理他，反过来讥讽了他。毛延寿见王昭君如此傲慢，记恨在心，便把她眼上的丹青点到了脸上，结果王昭君就被留到了后宫。

呼韩邪单于到来的那天，汉元帝见到王昭君，大吃一惊，宫中竟有如此美貌的女子？他本想留下，可是已经下旨了，一国之君怎能失信于人，只好忍痛割爱，让王昭君出塞和亲。事后，汉元帝对画工毛延寿大为恼火，就把毛延寿给杀了。

昭君到了匈奴以后，劝导单于停止战争，发展生产，学习文化，稳定了匈奴，促进了双方经济文化的交流和发展。

你知道赤眉军吗？

新莽末年，在今山东东部兴起了一支以琅琊人樊崇为首领，泰山山区一带为根据地，把自己的眉毛染成红色的与政府抗衡的农民起义军。

这支起义军于天凤五年（公元18年）在莒（今山东莒县）起事，短短几年间就发展到了数万人。这只队伍主要由农民组成，大多不识字，因此以口头传令为主。组织包括地位最高的三老、其次有从事、卒史等名称，大多延用汉朝乡官的名称。

地皇三年（公元22年）王莽派出王匡、廉丹率约10万军队进攻这支起义军，遭到重挫，这支军队发展到10万人以上，势力扩及青州、徐州、兖州、豫州各地。23年，更始皇帝刘玄已即位并攻入长安，起义军先是愿意降于更始，但双方随即再度开战，25年起义军兵分两路，由樊崇和徐宣分别率领，进攻关中，并拥立汉宗室刘盆子为帝，徐宣任丞相，樊崇因为识字，任御史大夫。同时更始军内部产生内争，将领王匡投奔起义军，随即起义军攻入长安，杀死刘玄。

起义军入长安时，城内房屋残破不堪，缺乏粮食，又遇大雪，损失惨重，随后被刘秀派将领邓禹击败，起义军决定离开关中，27年在崤（今河南洛宁）和宜阳再次被刘秀军打败，樊崇投降，最后被杀。

这支中国新莽末年起事的军队，为便于区别于政府军，用赤色将眉毛染红，故称做赤眉军。

第一外戚专权是从什么时候开始的？

说起第一外戚专权，自然是汉朝吕氏。

吕氏作为史上第一个庞大的外戚集团，仰仗的是把身为女人的自己成功地推上了大汉王朝最高历史舞台的吕后，随着吕后的登顶，她的家人也顺势而上，纷纷成为朝廷的重要官员。

吕后，名雉，字娥姁。本是秦代单父县（今山东省单县）人，因为会看相的父亲看中了刘邦所谓的帝王相，就做主把她嫁给了当时还只是泗水亭长的刘邦。吕雉在经历了各种磨难后，成为坚毅果敢、能谋善变、心底狭隘、阴狠毒辣的汉朝皇后。刘邦去世后，吕雉被封为太后。虽然对她的评价一直有争议，但不可否认的是，她是一位有抱负、有韬略、有作为的政治家。

虽然朝堂上的要职基本上都是吕家的人，但吕后并不满足，她一直想办法要破除"白马誓盟"，让吕氏彻底掌控甚至颠覆刘氏江山。她先追封了已故的两个哥哥，吕泽为悼武王，吕释之为赵昭王，以此作为封立诸吕为王的开端，先后分封了吕氏家族十几人为王为侯。

这就是真正意义上外戚专权的开始。

我国的第一部字典是什么？

我国的第一部字典《说文解字》并不像现在的字典一样普遍冠上"字典"之名。它的本名叫《说文解字》，编纂者是东汉著名的古文经学大师、文学家许慎。

由于西汉古文经学者和今文经学者之间激烈的斗争一直

延续到东汉末,身为古文经学家的许慎为了保存古文并捍卫古文学的地位,呕心沥血30年作成了《说文解字》这部按部首编排的字典,而这种编排方法一直延用到了现在。

《说文解字》,简称《说文》。原作写于公元100~121年,现已失落。我们现在看到的大多是宋朝版本,或者是清朝的段玉裁注释本。原文以小篆书写,逐字解释字体来源。许慎写完之后,献给汉安帝。全书共分540部首,收字9353个,另有"重文"即异体字1163个,共10516字。

《说文解字》开创了部首检字的先河,后世的字典大多采用这个方式。清朝的段玉裁称这部书"此前古未有之书,许君之所独创"。

曹操为什么被称为"枭雄"?

曹操,字孟德,小名阿瞒,沛国谯县(今安徽亳州)人。他父亲夏侯嵩是汉桓帝时大宦官曹腾的养子,随曹腾改姓了曹。

年轻时的曹操机智警敏,有随机权衡应变的能力,因任性好侠、放荡不羁,不修品行,不研究学业,所以社会上没有人认为他有什么特别的才能,只有梁国的桥玄等人认为他不平凡,玄对曹操说:"天下将要大乱,寻常人不能治世,能做到的,只有你啊!"许劭,字子将,以知人著称,说曹操在治世的时候会成为能干的大臣,在乱世里则会成为奸雄。

黄巾起义时曹操显露头角,由于他能审时度势,广泛招纳人才,所以发展十分迅速,势力大增。公元196年迎汉献帝进许昌,曹操"挟天子以令诸侯"。同时,他又大力发展生产,经济实

一口气读懂历史常识

力大大增强。公元 200 年 10 月，曹操在官渡(河南中牟县东北)以少胜多挫败河北袁绍 10 万军队，公元 201 年在仓亭(河南管县东北)再次击破袁绍大军。公元 208 年，曹操统一中国北方，并成为东汉朝廷丞相。公元 208 年 7 月，曹操南征荆州刘表，12 月于赤壁与孙刘联军作战，失利。公元 211 年 7 月，曹操领军西征以击马超，构筑了整个魏国基础。公元 213 年，汉献帝派御使大夫任命曹操为魏王。

曹操一生从陈留起兵到洛阳逝世，奋战 30 余年，参加大小战役近 50 余次，消灭了袁绍、袁术、刘表、张绣、吕布等割据势力。

曹操胸怀大志，有野心有抱负。曹操的气概，令人叹服！在东汉末年这个战乱时期，曹操以其机变权术、过人胆识及叱咤风云之势被称为"乱世枭雄"。

曹操为什么至死都不称帝？

"往事越千年，魏武挥鞭，东临碣石有遗篇"，这就是毛泽东笔下的风流人物：曹操。回顾曹操的一生，不管他自己对自己有何评价，其实他是不由自主地在一条通向帝王的道路上一步一步前进的。

如果说建安元年(公元 196 年)前曹操在这方面的努力还只是一种不动声色的铺垫，那么从建安元年起，他就开始在这方面打基础，并迈出了坚实有力的步伐。

就这样，曹操逐渐做好了夺取帝位和世袭权力的所有准备，并在通向帝王的道路上，几乎已经走到了终点。事实上，曹

操早已控制了朝廷的一切大权，使自己成了一个实际上的皇帝，而且从形式上来讲，他也同皇帝没有什么两样了。

曹操唯一没到手的，只不过是一个皇帝的名号而已。

事实上，曹操的代汉意图早就昭然若揭，但至死他也没有迈出最后的一步。

他心里是另有打算的，他要他的儿子来替他完成这最后一步。

可是，令人费解的是：曹操为什么自己不称帝呢？

主要考虑到以下几个方面：

（1）孙权劝他称帝，貌似恭顺，实际上是在对他使坏。这样就会使曹操受到拥汉派的反对而陷入内乱，魏对吴就不能构成威胁。

（2）如果当时曹操称帝，确实会给政敌和拥汉派势力增加攻击他的口实，使他在政治上陷入被动。曹操自当上魏公、魏王之后，内部频发叛乱，就很说明问题。因此保留献帝，对安抚拥汉派，巩固内部，有很大作用。

（3）曹操曾一再说明自己绝无代汉自立之心，言辞恳切，如果突然变卦，则晚节不保，不如一如既往，将戏演到底。

（4）曹操只要掌握实权，不看重虚名。虽然后来被人扣上了"篡逆"和"贰臣"的帽子，但他从未改汉臣身份。他对汉室绝无忠心，但毕竟未行谋篡之事。

除此之外，建安二十四年（公元 219 年）曹操已 65 岁，年纪大了，估计自己将不久于人世了，这也可能是他不愿称帝的一

个原因。

总之，曹操不当皇帝，是全面权衡得失后所作出的决定，是一个周密而明智的谋虑。曹操自比"三分天下有其二"的周文王，是他的自我评定。

你听过"文姬归汉"的故事吗？

"文姬归汉"是中国历史上很有名的一段故事。它讲的是一个叫蔡文姬的女子，回归故国汉朝的感人故事。

文姬，是指蔡文姬。据《后汉书·董祀妻传》，蔡文姬为陈留郡国人，是东汉著名学者蔡邕的女儿。文姬受父亲影响，不仅能够写很精彩的诗歌，而且还很精通音律。后来嫁给河东人卫仲道，夫亡后归居家中。当时天下动乱，四处交兵。董卓在长安被杀死后，其父蔡邕曾因为董卓所迫，受官中郎将而获罪，被司徒王允囚禁，并处死狱中。

蔡文姬在兵荒马乱中被董卓旧部羌胡兵所掳，流落到南匈奴左贤王部，由于美貌，文姬并没有被杀，而是被迫嫁给匈奴人左贤王为妻，左贤王很爱她。在匈奴生活 12 年，生有 2 子。但是，在她心里，没有一刻不思念遥远的故乡。

建安中，随着曹操军事力量的不断强大，吕布、袁绍等割据势力的被逐步削平，中国北方遂趋于统一。在这一历史条件下，曹操出于对故人蔡邕的怜惜与怀念，"痛其无嗣"，于是派使者用金璧将蔡文姬从匈奴赎回国中，左贤王当然舍不得把蔡文姬放走，但是不敢违抗曹操的意志，只好让蔡文姬回去。蔡

一口气读懂历史常识

65

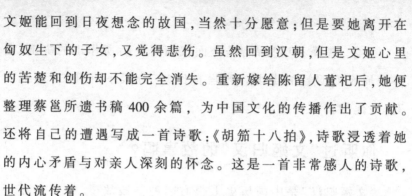

文姬能回到日夜想念的故国，当然十分愿意；但是要她离开在匈奴生下的子女，又觉得悲伤。虽然回到汉朝，但是文姬心里的苦楚和创伤却不能完全消失。重新嫁给陈留人董祀后，她便整理蔡邕所遗书稿400余篇，为中国文化的传播作出了贡献。还将自己的遭遇写成一首诗歌：《胡笳十八拍》，诗歌浸透着她的内心矛盾与对亲人深刻的怀念。这是一首非常感人的诗歌，世代流传着。

曹操把蔡文姬从匈奴接回来，在为保存古代文化方面做了一件好事，历史上把"文姬归汉"传为美谈。

诸葛亮为何娶了个丑媳妇？

大家似乎已经默认了"俊男美女""英雄美女"的搭配，然而历史上绝顶聪明、英俊潇洒的诸葛孔明却娶了一个丑媳妇——黄硕。

黄硕身体壮硕，人如其名，黄头发，黑皮肤，皮肤上起一些鸡皮疙瘩，是河南名士黄承彦的女儿。后来就是这个黄承彦，救了东吴大将陆逊及几十万大军的命。

一个男人25岁尚未婚配，放在现在实在是稀松平常的事；但是在古代，尤其在兵荒马乱的年月，一般十五六岁，甚至十三四岁就已经结婚了，小丈夫、小媳妇成双成对，像诸葛亮这样25岁还未成家就显得与世俗有些格格不入。

以诸葛亮的条件，必然是名门世家选择乘龙快婿的理想对象。然而，诸葛亮东找西找却一直没有结果。是那些女子不好吗？未必。

既然东挑西捡，诸葛亮自然有他既定的标准，黄承彦看透了他的心思，认为诸葛亮不同于常人，他对于大家闺秀与美貌佳人都不屑一顾，唯一可以解释的理由，就是他志在邦国，淡泊寡欲，他需要的是一位才德俱备的贤内助，而不是出身名门望族的美貌女子。就这样，黄承彦才向诸葛亮提起自己的丑女儿。

由图画、花草等，诸葛亮凭着想像已经把黄家闺女的模样与才干，在内心深处绘出了一幅轮廓鲜明的画，他知道这就是自己追求的目标。不久，诸葛亮就把黄氏娶回家来。黄硕到诸葛亮家后，里里外外的粗活儿与琐事，都按部就班地处理得妥妥帖帖，诸葛亮自然是身受其惠。这黄氏不但将家里收拾得井井有条，而且更有一个极为聪明的头脑，简直不亚于诸葛孔明。

诸葛亮五月渡泸，深入南方，七擒孟获，为避瘴气而发明的"诸葛行军散"、"卧龙丹"都是丑媳妇教给他的。黄氏不论在家事上还是事业上都给了丈夫很大的帮助，这样的妻子正是诸葛亮想得到的。事实也证明，黄氏这个丑女人真是不简单。

"孔明灯"是谁发明的？

孔明灯又被叫做"祈福天灯"和"许愿孔明灯"，它是由诸葛亮发明的。

相传当年诸葛亮被司马懿围困于平阳，无法派兵出城求救。孔明算准风向，制成会飘浮的纸灯笼，里面扎着求救的讯

息，其后，果然脱险，于是后世就称这种灯笼为孔明灯。另一种说法则是这种灯笼的外形像诸葛孔明戴的帽子，因而得名。

孔明灯的结构可分为主体和支架两部分，主体大都以竹篾编成，然后用棉纸或纸糊成灯罩，底部的支架则以竹削成的篾组成。孔明灯可大可小，可圆形也可长方形。一般的孔明灯是用竹片架成圆桶形，外面以薄白纸密密包围而开口朝下。在点灯升空时，底部的支架中间绑上一块沾有煤油或花生油的粗布或金纸，放飞前将油点燃，灯内的火燃烧一阵后产生热空气，孔明灯便膨胀，放手后整个灯会冉冉升空，如果天气不错，底部的煤油烧完后孔明灯会自动下降。这与现在的热气球的原理是一样的，诸葛亮早 1000 多年就想到了。

传说天灯具有神奇的灵气，只要你将心愿写在天灯上，随着天灯冉冉升向苍穹，凝视星空，便能实现心中美好的愿望。所以现代人将自己的愿望亲手写在灯上，用放孔明灯来祈求愿望成真。

和尚是从什么时候开始吃素的？

大家都知道和尚是吃素的，但事实上，和尚原来并一定非要吃素，是到了南朝梁武帝时才开始吃素的。那这是为什么呢？

在佛教刚出现时，信徒不一定要吃素。佛教徒搞乞食为生，没有那么多的选择余地。释迦牟尼虽然说过不要杀生，避免吃肉，但是在律书《十诵律》中规定可以吃"三净肉"。所谓"三净肉"是指没有亲眼看见、亲耳听到和不是为了自己想吃才杀的

动物的肉，是可以吃的。

到了南朝梁武帝时期，因为梁武帝萧衍是个十分虔诚的佛教徒。他认为吃肉就是杀生，这正是违背了佛教不能杀生的戒条。于是，他决定断了酒肉，并发誓要坚行这个决定。此外，他又规定宗庙祭祀要用面粉代替牲畜。梁武帝带头吃素，着布衣，每天粗茶淡饭。

僧人们在梁武帝的带领下，也杜绝吃肉，严格吃素，并用素食招待别人。此后，吃素就成为佛家信徒的习惯，成了佛教必须遵守的教规。

古代妇女用额黄的习俗是怎么来的？

额黄是一种我国妇女的古老美容妆饰，也称"鹅黄"、"鸦黄"、"约黄"、"贴黄"，因为是用黄色颜料在额间涂画，所以叫这个名字。

古代妇女额部涂黄的风习，这大约和花钿一样，起源于南北朝或更早些。更可能与佛教在中国的广泛传播有关，当时全国大兴寺院，塑佛身、开石窟等蔚然成风。妇女们从涂金的佛像上受到启发，便将自己的额头染成黄色，时间长了便形成了染额黄的风习。

妇女额部涂黄主要有两种方法，一种为染画，一种为粘贴。染画是用毛笔蘸黄色染画在额上。其具体染画方法又分两种：一种为平涂法，就是将额头全涂上。另一种为半涂法，在额部涂一半，或上或下，然后用清水将它过渡，由深而浅，使它呈晕染之状。粘贴法相较于染画法来说是比较容易的，这种额黄是

69

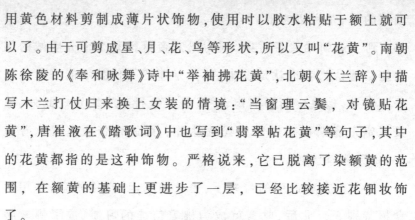

用黄色材料剪制成薄片状饰物，使用时以胶水粘贴于额上就可以了。由于可剪成星、月、花、鸟等形状，所以又叫"花黄"。南朝陈徐陵的《奉和咏舞》诗中"举袖拂花黄"，北朝《木兰辞》中描写木兰打仗归来换上女装的情境："当窗理云鬓，对镜贴花黄"，唐崔液在《踏歌词》中也写到"翡翠帖花黄"等句子，其中的花黄都指的是这种饰物。严格说来，它已脱离了染额黄的范围，在额黄的基础上更进步了一层，已经比较接近花钿妆饰了。

还有一个关于花黄由来的故事：南朝时宋武帝的女儿寿阳公主在宫中后花园玩累了，就靠在柱子上睡着了。醒后发现自己额头上粘着一朵黄色的梅花瓣，那梅花瓣的印痕牢牢的印在额头，擦洗不掉。后来，公主就将它作为装饰。别人看到也纷纷效仿，并发展为将黄色的箔纸剪成星月花鸟的形状，贴在额上，便叫作"贴花黄"。

花黄的出现改变了古代妇女的单调生活，它使妇女们的生活更加多彩，更加丰富，同时对当时社会文化的发展也起到了积极的促进作用。

"洛阳纸贵"的成语是怎么来的？

大家都应该知道左思与《三都赋》，"洛阳纸贵"这个成语便与他们有关。

左思小时候，他父亲就一直看不起他。父亲左雍从一个小官吏慢慢做到御史，他见儿子身材矮小，貌不惊人，说话结巴，

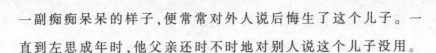

一副痴痴呆呆的样子，便常常对外人说后悔生了这个儿子。一直到左思成年时，他父亲还时不时地对别人说这个儿子没用。

左思不甘心受到这种鄙视，便开始发愤学习，改变父亲对自己的看法。当他读过东汉班固写的《两都赋》和张衡写的《两京赋》后，虽然很佩服文中的宏大气魄，华丽的文辞，写出了东京洛阳和西京长安的京城气派，可是也看出了其中虚而不实、大而无当的弊病。于是他决心依据事实和历史的发展，写一篇《三都赋》，把三国时魏都邺城、蜀都成都、吴都南京写入赋中。

为使《三都赋》笔笔有着落有根据，左思收集大量的历史、地理、物产、风俗人情等资料。收集好后，他闭门谢客，开始苦写。他在一个书纸铺天盖地的屋子里昼夜冥思苦想，常常是好久才推敲出一个满意的句子。他在书房外的走廊、院子里，甚至是厕所都挂上笔和纸，以便每想出一个好句子就能马上记下来。经过 10 年，这篇凝结着左思心血的《三都赋》终于写成了。可是，当左思把自己的文章交给别人看时，却受到了讥讽。其他的文人看是一个不起眼的人写的，便不去理会，还将他的作品说的一无是处。

左思不甘心自己的心血遭到埋没，找到了著名文学家张华。张华先是逐句阅读了《三都赋》，然后细问了左思的创作动机和经过，当他再回头来体察句子中的含义和韵味时，不由得为文中的句子深深感动了。他越读越爱，到后来竟不忍释手了。他称赞左思写的文章非常好，那些世俗文人只重名气不重文章，他们的话是不值一提的。于是，张华便将《三都赋》推荐

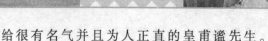

给很有名气并且为人正直的皇甫谧先生。

皇甫谧看过《三都赋》以后也是感慨万千,他对文章予以高度评价,并且欣然提笔为这篇文章写了序言。他还请来著作郎张载为《三都赋》中的魏都赋做注,请朱中书郎刘逵为蜀都赋和吴都赋做注。刘逵在说明中说道:"世人常常重视古代人东西,而轻视新事物、新成就,这就是《三都赋》开始不传于世人的原因啊。"

《三都赋》很快风靡了京都,懂得文学的人无一不对它称赞不已。就连曾经讥讽过他的陆机也承认这是一篇极佳的作品。这部作品的艺术价值得到了世人的认可。这时,城里有地位的人纷纷买纸抄这篇文章,以至于当时洛阳城里的纸都不够用了,纸价也上涨了好多。后来人们便用"洛阳纸贵"形容文章风行一时,人们先睹为快。

隋炀帝杨广是怎样一个皇帝?

隋炀帝杨广可说是历史上评价相当差的皇帝,不过这其中也有很大的可能是唐代统治者刻意丑化与后来编写史书的人主观观点结合的结果。

传统儒家本来对亡国之君的评价就低,再加上李渊不断地强调炀帝的恶政,以体现唐王朝的正统性。到了唐太宗李世民的时候,在《贞观政要》一书中,大量增加了炀帝的暴虐形象。这本书又被很多人阅读,这些加起来就成为了隋炀帝的恶评。

明代时更有《通俗演义隋炀帝艳史》等一系列稗官小说。这些小说在史实完全混杂的情况下被平民百姓大量传阅,也就更

加深了炀帝的暴君形象。

批评炀帝的最主要原因之一便是他弑父杀兄，人伦丧尽。对于这件事一般的说法是炀帝调戏貌美的陈夫人未遂，反而被陈夫人告到了文帝面前，文帝痛悔当初相信了杨广的品行废了杨勇而立他为太子，于是下令要重立杨勇，此时杨广只能联合杨素让病重的文帝秘密死亡，并假传诏令，使他的兄长已废太子杨勇自杀，然后登上皇位。

但史料中并没有炀帝弑父的可靠资料。连刻意贬责炀帝的《隋书》也没有直接提到炀帝弑父的事情。司马光的《资治通鉴》也并未作充分肯定的结论。

其实，杨广在位的13年里，还是做了不少利国利民的事情：统一江山、修通运河、西巡张掖、三游江都、三驾辽东等。

杨广虽然做出了政绩，但他的荒淫加上对人太狠，做了不少劳民伤财的事情，使得百姓对他怨声载道，最终导致了自身的毁灭。

隋炀帝确实算得上是暴君了，但也不要把他曾做过的政绩全部抹杀，客观理性地去看待这个人物，才能得到正确的结论。

历史上只有皇后没有嫔妃的皇帝是谁？

如果说历史上哪个皇帝没有三宫六院，你不会相信，或许你会说那个皇帝还是幼年，没有到娶亲的年纪。而事实上确实存在只有皇后没有嫔妃的皇帝，他就是隋文帝。

说出来很难以置信，隋文帝只有皇后一个妻子，没有其他嫔妃，竟是因为他怕老婆。

隋文帝杨坚是南北朝时北周的大臣，他篡了自己外孙（8岁的周静帝宇文阐）的皇位。他的夫人独孤氏的娘家是鲜卑族大贵族，丈人独孤信是大将军，在夺位时为杨坚立下很大功劳。而独孤氏又是一个妒忌心十足的女人，她不许杨坚接近别的女人，并且时刻跟着杨坚，不给杨坚机会。有一次，皇后独孤氏生病，卧床休息。隋文帝便溜出去，他见到一个宫女样貌非常清秀，随即便将她奸污。后来这事被皇后知道，皇后趁皇帝上朝，将宫女活活打死。隋文帝知道后大怒，但是又不能对皇后怎样，便不了了之。

直到 7 年以后，皇后死了，文帝才迫不及待地选了两名妃子，一位是陈后主的妹妹，一位姓蔡，分别封她们为宣华夫人和容华夫人。可惜，过了两年文帝便死了。

黎阳兵变是怎么回事？

黎阳兵变发生在隋炀帝征讨高丽的过程中。

公元 613 年，隋炀帝进攻高丽，命杨玄感（杨素之子）在黎阳负责运送粮草。杨玄感趁机集合了少壮运夫大概几千人，鼓动他们："当今皇帝昏庸无道，不管百姓的疾苦，天下动荡，战士们牺牲在疆场的不计其数。现在，我和你们一起起义来拯救天下百姓，大家觉得怎样？"百姓由于厌倦战争，向往和平的生活，便纷纷起来支持，队伍发展到 10 多万人。隋炀帝听说杨玄感起兵造反，便立即搬兵剿灭杨玄感。在征伐过程中，李密给

一口气读懂历史常识

杨玄感献计，断绝炀帝的归路，这是擒王的上策，或者夺取长安与之对立。但是杨玄感没有听，而是走了一条兵败之路，围攻东都，久攻不下，隋军四起，杨玄感落得个兵败自杀的结果。

从这以后，各地纷纷起义，使隋朝处在动荡之中。

你听过玄武门之变吗？

玄武门之变是历史上有名的兄弟间的帝位之争。主角便是李世民和太子建成。那么，李世民在其中是主动还是被迫呢？

唐朝的建立可以说李世民出了很大的力，唐朝建立不久，皇位之争便激烈的开始了。李世民广招贤才，在以前打天下的时候就已经网络了不少人才。作为太子的建成看到李世民的势力如此之大，便有些不放心。为了削弱李世民的势力，李建成和李元吉绞尽了脑汁，决定在出征匈奴的时候趁机杀害李世民。谁知密谋传到李世民的耳中。李世民在和谋臣们商议后，决定先发制人。李世民将此事告知了李渊，李渊告诉他次日在一起审问李建成和李元吉。李世民买通了管玄武门的常何（曾是李建成的心腹）。

第二天，李世民让长孙无忌带一队精兵埋伏在玄武门，等建成和李元吉到时便取他二人性命。建成和李元吉走进玄武门时，发现有异常，知道大事不妙，但已经来不及逃走了。李世民用箭射死了建成，尉迟敬德将李元吉杀死。

李渊知道后，只好将李世民封为太子。2个月之后，李渊将皇位传给李世民，做了太上皇。

其实,李世民是有野心做皇帝的,他一直招纳有才之士,并形成了以秦王府谋士和勇将为核心的实力雄厚的政治集团,所以,李世民是利用太子建成的杀人之心成就了自己的事。

"吃醋"的说法是怎么来的?

"吃醋"现在应用得很普遍,一般用来形容产生于男女之间的嫉妒情绪。然而,你知道这个词是怎么来的吗?

这个词来源于唐太宗的大臣房玄龄的一件趣事。一天,唐太宗对房玄龄说,要挑选几名美女给房玄龄做妾,这在当时是很平常的事,但是房玄龄却婉言谢绝了。唐太宗有些不解,后来经询问才知道,原来房玄龄是怕家里的妻子由于争宠而不会善罢甘休。

于是,唐太宗便想出一条妙计。他立即宣房夫人进宫,酒宴招待。席间,唐太宗指着一坛酒,对房夫人说:"听说夫人执意不允许玄龄纳妾,岂有这样的道理,你面前是一坛毒酒,孤赐你一死成全你。"房夫人听了这话,非常平静地端起酒坛,一饮而尽,然后便坐在一边等死。这时,唐太宗大笑起来说:"夫人有所不知,孤赐你的只是一坛陈醋而已。"唐太宗见房夫人对自己的丈夫如此深爱,坚贞不渝,就再也不提为房玄龄纳妾的事了。而"吃醋"一词也就由此而来。

"贵妃鸡"是怎么来的?

一口气读懂历史常识

"贵妃鸡"是苏州名菜。它的做法是选用肥嫩的童子鸡翅膀与香菇、淡菜、嫩笋、青椒一起焖烧而成。贵妃鸡的特点是菜色

鲜艳,绿、乳黄、黑、白相配,令人赏心悦目,吃起来既嫩又鲜,香味扑鼻,是少有的佳肴。

那么,为什么叫"贵妃鸡"这个名字,它是怎么来的呢?从它的名字可以看出,这道菜与某位贵妃有关系。事实也真是这样,而且这位贵妃不是别人,而是"回眸一笑百媚生,六宫粉黛无颜色"的杨贵妃。

唐玄宗自从有了这位美若天仙的杨贵妃陪伴,便整日与她寻欢作乐,不理朝政。有一次,他们两个把酒畅饮,结果醉了。他们喝醉之后,连呼"好酒呀,好酒!吃得痛快!",杨贵妃也痴迷地叫道:"我要飞上天!"唐明皇因酒醉以为贵妃要吃"飞上天",于是传太监让御膳房做"飞上天"。听了皇帝的圣谕,厨师们面面相觑:他们从来没听说过有"飞上天"这道菜,这可怎么办。皇帝金口玉言,他能说出来,你就得做出来,否则性命不保。于是,众御厨们开动脑筋苦思冥想。有个厨师说,老鹰飞得高,大概就是"飞上天"吧!大家一听,赶紧做了两只红烧老鹰。可一尝才发现,鹰肉是酸的,所以,红烧老鹰是失败了!于是厨子们重新开动脑筋。在厨师中有位苏州的名厨,叫"苏空头",他想到鸡的肌胛肉最鲜嫩,应该比较适合做"飞上天",而且肯定好吃。他把自己的想法告诉大家,众人一听,觉得只好如此了,碰碰运气。于是他们手忙脚乱地找来几只童子鸡,斩下它们的翅膀,与香菇、淡菜、笋片、青椒一起焖烧,这样"飞上天"就算做成了。大家一看此菜,色鲜味香,才算定下心来。

太监把这道菜放在皇帝面前,皇帝不知为何?太监回答说

一口气读懂历史常识

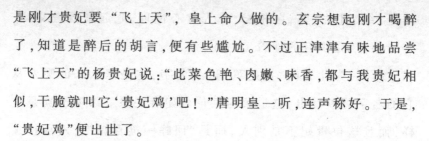

是刚才贵妃要"飞上天",皇上命人做的。玄宗想起刚才喝醉了,知道是醉后的胡言,便有些尴尬。不过正津津有味地品尝"飞上天"的杨贵妃说:"此菜色艳、肉嫩、味香,都与我贵妃相似,干脆就叫它'贵妃鸡'吧!"唐明皇一听,连声称好。于是,"贵妃鸡"便出世了。

后来,苏空头告老还乡,也就把"贵妃鸡"的烧制方法带回苏州,这道菜也就在苏州地区世代流传了。

杨贵妃为什么没有被立为皇后?

杨贵妃,名玉环,生于世代官宦之家,从小没有衣食柴米之虞,而且还受到了非常良好的艺术熏陶,可以无忧无虑地抚琴吟唱,尽情歌舞。杨玉环天生丽质,被誉为我国古代四大美人之一,深得唐玄宗李隆基的宠爱。为博得她的欢心,唐玄宗对她的要求是千方百计地加以满足,不仅让她享尽了荣华富贵,就连她的家人也都地位显赫,真可谓"一人得道,仙及鸡犬"。

但是唐玄宗为什么如此宠爱她,却只封她为贵妃,而不册封她为皇后呢?

对此,有的学者认为,这是因为唐玄宗另外还看中了自己的儿子寿王瑁的妃子,唐玄宗为了得到她,先让她做了一段时间的女道士,但毕竟是公公娶媳妇。在重视礼制的封建社会,这种败坏伦常的妇女哪有资格做"母仪天下"的皇后呢?

再说了,原为寿王的妃子,她被唐玄宗夺走,也给寿王留下了感情上的创伤,如果寿王一时想不开发动兵变后果会怎么样

一口气读懂历史常识

呢？所以玄宗不敢轻易册封杨贵妃。再加上杨贵妃长期没有生子，皇后的位子很长时间没有人选，就怕发生重大变动，很可能会引发宫廷政变。考虑到多种因素，唐玄宗在过完61岁大寿的时候，就将册立杨玉环的诏书公布天下，立其为妃，而不是册立其为皇后。

尽管杨贵妃未被立为皇后，但宫中都称她为"娘子"，礼仪与皇后是相同的。以其当时的地位来看，实际上就是六宫之主，对于"集三千宠爱于一身"的杨贵妃来说，立不立皇后都是一样的。

杨贵妃是怎么死的？

杨贵妃，名玉环，华阴人，在马嵬坡，被玄宗赐缢。

所谓红颜祸水，当她成为皇帝的妻子之后，不管她究竟有没有惑君，这个罪名是背定了，自古以来都是如此，大臣不会说皇帝如何，都会把罪过推到后宫，直接受此荼毒的自然就是女人，尤其是漂亮的女人。

杨玉环自小习音律，善歌舞，姿色超群。她原为玄宗第十八子寿王的妃子，后经大臣推荐，唐玄宗见她有倾城倾国之色，便招入宫做女官，天宝四年封为贵妃，从此杨门一族权贵显赫。

后来安禄山起兵造反，唐玄宗仓皇逃难，那个时候人们就把玄宗的沉迷酒色歌舞都算到了杨贵妃头上，于是在途径马嵬坡时大将陈玄礼和部下迫使玄宗不得不下令赐杨玉环自缢。

杨贵妃与玄宗之间这段生离死别一向都被传得缠绵悱恻，

马嵬坡红颜魂断,生死相别,传至今日已有很多版本,但人们
更乐于看的终究还是┴份真情。

你知道"松赞干布"吗?

松赞干布是土蕃王朝的缔造者,也是与大唐和亲、娶走文
成公主的人。

松赞干布的父亲囊日论赞,是一位很有作为的赞普。受他
的影响,少年时代的松赞干布就已显现出非凡的才能。父亲被
仇人毒害而死后,13岁的他即赞普位。即位后,他一面缉查凶
手,一面训练军队,很快平息各地的叛乱,统一各部,定都逻些
(今拉萨),建立了吐蕃奴隶制政权。之后,又先后降服周围的
苏毗、多弥、白兰、党项、羊同等部,势力日益强盛,完成了西藏
统一大业。

这时松赞干布开始致力于政权建设,建立了以赞普为中
心、高度集权的政治和军事机构。同时,他还制定法律、税制,
任用贤明的大臣,采取许多措施鼓励百姓学习和运用先进生产
技术,发展农牧业生产,使吐蕃的社会经济和人民生活迅速呈
现中兴之势。

他先娶了尼泊尔的尺尊公主。又于641年迎娶了唐宗室
文成公主,结成和亲关系。唐封他为驸马都尉、西海郡王。松赞
干布又遣贵族子弟至长安入国学,学习诗书,请中原文士掌管
其表疏。后又请蚕种及造酒、碾硙、纸墨工匠,促进了汉藏文化
的交流。这大大加快了吐蕃的汉化,促进了经济、文化、佛教、

一口气读懂历史常识

医药等方面的发展,加快了社会的进步。

松赞干布是西藏历史上最重要、最广为人知的藏王。他在西藏高原实现了统一,正式建立吐蕃王朝。藏族历来十分敬重松赞干布,他不仅被视为观音的化身,而且是有口皆碑的三大法王之一。

我国历史上唯一的女皇帝是谁?

武则天是我国历史上独一无二的女皇帝。她之所以能成为中国的"独一无二",其原因是多方面的。

武则天从小就聪慧敏俐,极善表达,胆识超人。父亲觉得她是可造之才,于是就教她读书识字,使她通晓事理。史料记载,则天十三四岁时,已是博览群书,博闻强记,诗词歌赋也都有了一定基础,而且长于书法,字态卓荦不群。

当时,士族的门阀之风盛行,而武氏又是庶族的门第,低微的出身使她饱受流俗的轻视,而不甘埋没。这一特殊的境遇与遭际,强烈地刺激着青年时代的武则天,刺激她狂妄地去追逐和攫取最高权力,以达唯我是从的欲望,冷酷而不择手段地去报复的心理滋生蔓延。这一点在她以后从政乃至于"南面称孤"的一系列政治斗争中,表现得尤为突出,成为她的修养、品德、性格和心理形成的根源。

武则天并不是一开始就有当皇帝的野心。她的野心是在攫取地位、权势以及政治欲望不断膨胀的过程中渐渐形成的。武则天登上皇后宝座后,"通文史,多权谋"的长处,得到长足的

一口气读懂历史常识

发挥和发展，使高宗对她宠爱之余，别眼相看。她也利用皇后的身份和皇上的宠爱，积极参与朝政。接着，她利用高宗的昏庸无能，迫使高宗按他的旨意行事，虽然与高宗并称"二圣"，实际上重大事尽在她的掌握之中。每一次图谋成功，她的政治欲望便得到进一步推动，最后促使她窥伺皇位。尽管高宗已有所察觉，但已无可奈何。武则天的儿子李弘、李贤、李显、李旦更是她手中的玩偶，任她摆布。毒死太子李弘后，又把李贤废为贫民。高宗一死，李显接位，不到 2 个月便废为庐陵王。李旦接位却被软禁，徒有皇帝虚名，实际上，武则天仍然独揽朝政。公元 690 年，武则天见时机成熟，废了李旦，自立为帝，改国号为"周"。

由此可见，武则天登上帝位有其个人能力原因，同时也充斥着时代原因。强硬的政治手腕，犀利的审视视角，男人都不及的魄力，当然还有辛辣的手段，这些都是将她推上帝位的原因。

武则天成为中国历史上空前绝后的唯一女皇。前后执政近半个世纪，上承"贞观之治"，下启"开元盛世"，史称"贞观遗风"，历史功绩，昭昭于世。诚如宋庆龄对她的中肯评价：武则天是"封建时代杰出的女政治家"。

你知道才女上官婉儿吗？

说到唐朝，既有女皇当政又有才女辅政。这似乎与唐朝开明的社会风气有直接的关系。上官婉儿就是武则天时期的一大

才女，也与唐朝中期的妇女地位有直接关系。

上官婉儿，唐代女官、女诗人，唐中宗昭容，上官仪孙女。仪被杀之后，跟随母亲郑氏发配到内廷。因才气过人，被武则天赏识，没有被诛杀。14 岁时便做了武则天的掌文诰。唐中宗时，上官婉儿成为中宗后妃之一，被封为昭容，故又称上官昭容。上官婉儿曾建议扩大书馆，增设学士。临淄王（即唐玄宗）起兵，上官婉儿与韦后同时被杀。后人称其为"巾帼首相"。上官婉儿是历史上非常有才气的女子，她的一生可谓是坎坷传奇。虽然没有丞相之名，但有丞相之实，这在中国历史上是独一无二的。

上官婉儿深处宫廷，熟知宫内的尔虞我诈。她知道在那儿生活几乎没有真情，全部是权与利的竞争。她一次次地卷进争权夺利的漩涡之中，同时也被这个大染缸变了颜色。

上官婉儿是武则天的得力助手，负责一些文件诏书的起草。武则天将她视为心腹，甚至武则天与男宠调情时也不避讳。上官婉儿精心伺奉，曲意迎合，更得武则天欢心。从圣历元年开始，武则天让其处理百司奏表，参决政务，权势日盛。

后来，上官婉儿先后陷入中宗、韦后、太平公主、李隆基的政治战争之中，虽然上官婉儿也是一个有欲望的人，但毕竟还是斗不过那些人。最后，临淄王李隆基把韦后与她一起杀掉。

到了开元年间，唐玄宗追念上官婉儿的才华，下令收集她所作的诗文，加以整理，辑成二十卷。在唐代历史中上官婉儿是个极有魅力的后宫女性，《旧唐书》、《新唐书》的"后妃传"中

一口气读懂历史常识

都有专篇记载。

尽管上官婉儿也曾一度享尽荣华与权力，但她仍要仰皇上、皇后、公主的鼻息，仍要曲意逢迎，个中甘苦恐怕只有她自己知道。她逃脱不了厄运，最终做了皇权争斗的牺牲品。

唐朝的黑人是从哪儿来的？

我们从电视剧《大明宫词》中了解到，唐朝时中国已经有了黑人，这是真的。

20世纪40年代西安地区出土的唐代黑人俑引起了学术界的广泛关注，随后唐代黑人俑被不断发现。为了查明唐代黑人来源问题，我国学者查遍了各种史料，并在唐代黑人俑最多的西安几个历史博物馆和文物库房进行了仔细的辨认，认为唐代黑人来源不是非洲而是东南亚和南亚。

仔细分析非洲黑人和南海黑人，虽然他们都体黑发卷，但是外形上却是有差异的。被称为"昆仑奴"的南海黑人不是非洲的尼格罗人种，而应该是尼格里托人，又叫矮黑人，一直到现在这些类似非洲黑人的部落和种族仍散居在马来半岛以南的诸海岛上。当时黑人为什么会来到中国呢？第一种情况是作为年贡送往京城长安，另外是作为土著"蛮鬼"被掠卖到沿海或内地，还有一种是跟随东南亚或南亚使节入华被遗留者。

从服饰上来看，后来出土的黑人俑也大都是上身赤裸斜披帛带，横幅绕腰或穿着短裤。这与唐代高僧义净《南海寄归内法传》中记载的昆仑人形象"赤脚敢曼"非常符合，"敢曼"是梵

一口气读懂历史常识

语,指下身所穿的贴衣,这都是南海黑人极为明显的特点,与古代非洲黑人服饰完全不一样。所以,那时的黑人并不是非洲黑人,而是南亚和东南亚的黑人。

你知道南唐后主李煜吗?

李煜亡国是诸多因素堆加起来的结果,并不是因为某一个人或某一件事。

李煜是南唐的末代国主,也是一位朦胧的传奇人物。根本不想做皇帝的他却因为种种原因不得不坐上那张椅子。虽然做不好皇帝,可李煜却在另一个领域展现了他的才华。

李煜才华横溢,工书善画,通音晓律,能诗擅词,被称为"千古词帝"。李煜的词摆脱了《花间集》的浮靡,不假雕饰,语言明快,形象生动,性格鲜明,用情真挚。亡国后,他的作品更是题材广阔,含意深沉,超过晚唐五代的词,成为宋初婉约派词的开山,后世尊称他为"词圣"。

李煜即位时,南唐国力已呈衰颓之势,而他自己更是荒废政事,先是和周娥皇弄琴歌舞,后又与小周后对弈消时。

对于帝位,李煜对其可说是厌恶的,他从来没想过那个位子会是自己的,他不参与争位,不关心政事,一心扑在了诗词歌赋上,可是老天却跟他开了个玩笑,那个他避之唯恐不及的位置竟一朝落在了他的头上,不止如此,压在他身上的竟然还是一个垂危的衰颓的担子,再加上赵匡胤对这个王朝虎视眈眈,所以李煜即位以来,一直小心翼翼只想偏安一隅,他年年

进贡，自改国号，委曲却终未求全，还是未能阻挡得了那个人一统四海征服天下的霸气，最后的妥协便是随他来到他的国都开封。开宝九年正月，李煜到达汴京，宋太祖封他为"违命侯"，从一国之君沦为了阶下囚。

在赵匡胤死后，一首传诵千古的"春花秋月何时了，往事知多少！小楼昨夜又东风，故国不堪回首月明中。雕栏玉砌应犹在，只是朱颜改。问君能有几多愁，恰似一江春水向东流。"成了他获罪的证据，终是把他送上了"归途"。

宋太宗于太平兴国三年（公元978年）七月初七，赐了时年42岁的李煜牵机药，葬于洛阳北邙山。

李煜的一生是命运的玩笑，躲不开的悲哀，化不了的纠结。他留下的是与大小周后的缱绻，后人评说。他带走的是剪不断理还乱的纠葛，徒留叹息。

戏曲演员是什么时候开始被称为"梨园子弟"的？

我国人民在习惯上称戏班、剧团为"梨园"，戏曲演员为"梨园子弟"。知道吗，"梨园子弟"的历史可以追溯到唐朝。

唐朝唐明皇（唐玄宗）精通音律，喜欢歌舞，是他建立了"梨园"。这个"梨园"是历史上规模最大的培训演员的地方。除了请专门的人士来教习，还请当时有名的文人雅士为他们编撰节目，像唐朝著名的诗人李白、贺知章等人都为梨园编写过节目。这里成了历史上有名的集歌、舞、戏于一体的练习场所。因此，在"梨园"这个地方培训过表演行当的都叫"梨园行"，在这

里学习过的都叫"梨园弟子"。

原来玄宗有一次因为急着和演员排戏，便匆匆批了文书，结果出了错。玄宗便将过错归到演员的身上。于是下令将他们赶出宫。丞相知道皇帝只是一时生气，凭他对戏的喜爱，以后定是还会看戏，所以便将这些演员藏到御花园的一处梨园，等日后皇帝变了心意，再将他们给皇上。果然到了第二年，皇帝又想看戏，丞相便将他带到御花园，正值春天，梨园花开，四处飘香。唐玄宗便提笔写下"梨园子弟"。从此沿用至今。

唐三彩为什么会享誉国内外？

唐三彩是唐朝产生的一种彩陶工艺品，它以造型生动逼真、色泽艳丽和富有生活气息而著称。由于唐朝是中国封建社会的鼎盛时期，经济上繁荣兴盛，文化艺术上绽放异彩，这也促使了唐三彩的发展。

唐三彩分布在长安和洛阳两地，在长安的唐三彩称西窑，在洛阳的则称东窑。唐代盛行厚葬，不仅是大官贵族，百姓也如此，唐三彩作为葬品已形成一股风气。

唐三彩的造型丰富多彩，一般可以分为动物、生活用具和人物三大类，而其中尤以动物居多。出土的唐三彩，从现在分类来看主要也是分为动物、器皿和人物三类，动物更多些，这个可能和当时的时代背景有关，在我国古代马是人们重要的交通工具之一，战场、耕田、交通运输等都需要马，所以唐三彩出土的马比较多，唐三彩马俑有的扬足飞奔，有的徘徊伫立，有的引颈嘶鸣，表现得栩栩如生姿态万千。其次就是骆驼也比较

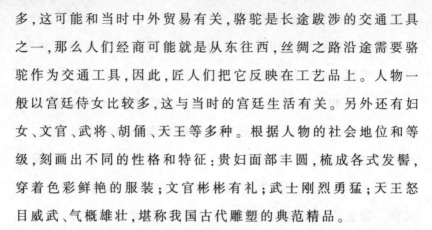

多，这可能和当时中外贸易有关，骆驼是长途跋涉的交通工具之一，那么人们经商可能就是从东往西，丝绸之路沿途需要骆驼作为交通工具，因此，匠人们把它反映在工艺品上。人物一般以宫廷侍女比较多，这与当时的宫廷生活有关。另外还有妇女、文官、武将、胡俑、天王等多种。根据人物的社会地位和等级，刻画出不同的性格和特征：贵妇面部丰圆，梳成各式发髻，穿着色彩鲜艳的服装；文官彬彬有礼；武士刚烈勇猛；天王怒目威武、气概雄壮，堪称我国古代雕塑的典范精品。

唐三彩的另外一个特点就是釉色。一件器物上同时使用红绿白三种釉色，这在唐代是首创，而后匠人们又巧妙地运用施釉的方法，红、绿、白三色交错、间错地使用，再经高温烧制，釉色又浇融流溜形成独特的流窜工艺，出窑以后，三彩就变成了很多的色彩，有原色、有复色、有兼色，人们能够看到的就是斑驳淋漓的多种彩色，这是唐三彩釉色的特点。

唐三彩是一种传统的文化产品和工艺美术品，它不仅在中国的陶瓷史上和美术史上有一定的地位，而且在中外的文化交流上也起到了相当重要的作用。唐三彩在唐初就输出国外，深受异国人民的喜爱。它的优美精湛的造型著称于世，唐三彩是中国古代陶器中一颗璀璨的明珠。

一口气读懂历史常识

近古史篇

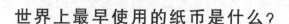

世界上最早使用的纸币是什么？

"交子"被认为是世界最早使用的纸币，发行于北宋时期1023年的成都。

据清《续通典·食货》的《钱币·上》写着，交子应为三年一届，其肇因始于宋代之铜钱与铁钱溷用又不便于携带；到了神宗时，交子正式被官方所承认，即熙宁初年将伪造交子等同于伪造官方文书。这说明，交子作为一种重要的流通货币已经被政府所保护。

"交子"是一种小纸片，纸片上印有房屋、树木、人物等图画，为了防止盗印，交子上做了暗号。最初的交子由商人自由发行。北宋初年，四川成都出现了专为携带巨款的商人经营现钱保管业务的"交子铺户"。存款人把现金交付给铺户，铺户把存款人存放现金的数额临时填写在用楮纸制作的卷面上，再交还存款人，当存款人提取现金时，每贯付给铺户30文钱的利息，即付3%的保管费。这种临时填写存款金额的楮纸券便谓之"交子"。这时的"交子"，只是一种存款和取款凭据，而非货币。

在反复的流通过程中，"交子"逐渐具备了信用货币的品格。后来交子铺户在经营中发现，只动用部分存款，并不会危及"交子"信誉。于是他们便开始印刷有统一面额和格式的"交子"，作为一种新的流通手段向市场发行。这种"交子"已经是铸币的符号，真正成了纸币。但此时的"交子"尚未取得政府认可，还是民间发行的"私交"。

交子可以在市场上使用,也可以拿到印发交子的商号"交子铺"去兑换现钱。到了宋仁宗时,交子的发行权到了官府手中。到宋神宗时,交子发行额有了限制,规定分界发行,每界三年(实足二年),以新换旧。首届交子发行 1256340 贯,备本钱 360000 贯(以四川的铁钱为钞本),准备金相当于发行量的 28%。"交子"的流通范围也基本上限于在四川境内,后来虽在陕西、河东有所流行,但不久就废止了。

交子的出现促进了当时经济的发展进步,有着重要的意义。据说,著名的传世北宋"交子"钞版已被日本人所收藏。

"乌台诗案"是怎么回事?

乌台指的是御史台,汉代时御史台外柏树很多,上有很多乌鸦,所以人称御史台为乌台,也戏指御史们都是乌鸦嘴。"乌台诗案"中的"犯人"就是苏轼。

北宋神宗年间,苏轼反对新法,并在自己的诗文中表露了对新政的不满。由于他是当时文坛的领袖,他的诗词在社会上传播对新政的推行很不利。并且,他作的一首诗(根到九泉无曲处,世间唯有蛰龙知)被指责有直刺皇上、图谋不轨之意。所以在神宗的默许下,苏轼被抓进乌台,一关就是 4 个月,每天他被逼要交代以前写的诗的由来和词句中典故的出处。

后来,皇帝亲阅此诗,发现有些牵强附会,便将苏轼释放,贬为黄州团练。

乌台诗案以后,苏轼的诗词作品在创作上有继承也有明显的差异。在贯穿始终的"归去"情结背后,我们看到诗人的笔触由

一口气读懂历史常识

少年般的无端喟叹，渐渐转向中年的无奈和老年的旷达——渐
老渐熟，乃适平淡。

宋高宗是用什么将抗金的岳飞召回的？

宋高宗是用12道金牌将正在抗金的岳飞召回的。这12道
金牌其实并不是真的黄金铸造的牌子，而是"木牌朱漆"，牌子上
也不是用黄金铸字，而是将皇帝的命令以金色书写到牌面上的。

岳飞率大军北伐，连克蔡州、郑州、洛阳等地，正要乘胜渡黄
河消灭金朝时，没想到连续接到朝廷12道催促退兵的紧急金
牌。

宋代科学家沈括《梦溪笔谈》中介绍："金字牌急脚递，如古
之羽檄也。以木牌朱漆黄金字，光明眩目，过如飞电，望之者无不
避路，日行五百余里。有军前机速处分，则自御前发下，三省枢密
院莫得也。"

古时调动军队的文书，上面插有羽毛，用来表示紧急，必须
马上送到。这与革命战争年代的"鸡毛信"有些相似。北宋熙宁
中，朝廷又新增了更快更紧急的驿传，名为"金字牌急脚递"。这
种金牌并没有黄金，而是将命令用金色写成。当时规定，金字牌
使用权只限于皇帝，其他任何人都没有权力用。

岳飞抗金节节胜利，正是对宋军有利的时候，然而宋高宗却
怕北伐成功会坏了议和，更怕迎回二帝，威胁到自己，丢了皇位，
再加上奸臣秦桧的挑唆怂恿。宋高宗便在一天之内发了12道金
牌召岳飞回来。岳飞迫于皇命，只得回去。

一口气读懂历史常识

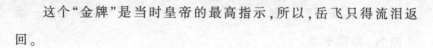

这个"金牌"是当时皇帝的最高指示,所以,岳飞只得流泪返回。

你听过鹅湖之会吗?

鹅湖之会是南宋淳熙二年(1175 年)在信州(今江西上饶)鹅湖寺举行的一次著名的哲学辩论会。由吕祖谦邀集,意图调和朱熹和陆九渊两派争执。实质上是朱熹的客观唯心主义和陆的主观唯心主义的一场争论。它是中国哲学史上一次堪称典范的学术讨论会,首开书院会讲之先河。鹅湖之会也被比喻成具有开创性的辩论会。

鹅湖会议辩论的中心议题是"教人之法"。关于这一点,陆九渊门人朱亨道有一段较为详细的记载:"鹅湖讲道,诚当今盛事。伯恭盖虑朱、陆议论犹有异同,欲会归于一,而定所适从。……论及教人,元晦之意,欲令人泛观博览而后归之约,二陆之意欲先发明人之本心,而后使之博览。"所谓"教人"之法,所说的也就是认识论。

在这个问题上,朱熹强调的是"格物致知",主张"道问学",认为格物就是穷尽事物之理,致知就是推致其知以至其极。并认为,"致知格物只是一事",是认识的两个方面。主张多读书,多观察事物,根据经验,加以分析、综合与归纳,然后得出结论。

陆氏兄弟则从"心即理"出发,认为格物就是体认本心。主张"发明本心",心明则万事万物的道理自然贯通,不必多读书,也不必忙于考察外界事物,去此心之蔽,就可以通晓事理,所以"尊

一口气读懂历史常识

德性"、养心神是最重要的,反对多做读书穷理之工夫,以为读书不是成为至贤的必由之路。会上,双方各执己见,互不相让。

一场"鹅湖之会",双方争议了三天,陆氏兄弟略占上风,但最终结果却是不欢而散。如今,这座古寺也许是因为有这么一次重要会议,也许是因为朱熹住过,将其作为"书房",作为教书育人之地,因而也叫做"鹅湖书院"。

你知道"功罪石"吗?

在广东省新会县崖山附近的海中耸立着一块刻有字迹的大礁石,这便是有名的功罪石。谈到功罪石的来历,还得追溯到南宋末年。

南宋祥兴二年,蒙古军发起了对南宋的最后进攻,包围了襄阳、樊城。南宋降将张弘范在崖山附近全歼宋军余部。南宋丞相陆秀夫见大势已去,无法挽回,便背着小皇帝投海殉国。跳海地点就在大礁石附近。

张弘范恬不知耻,在大礁石上刻下"镇国大将军张弘范灭宋于此",可他万万没有想到,他的题字,正好将千古难泯、通敌叛国的罪证告诉后人。不少人在礁石上刻字作画,

近代文学家苏曼殊游新会县时,作了一幅崖山奇石图,章太炎在画上题上陈恭尹的一首诗"山木萧萧风更吹,两崖云雨至今悲。一声杜宇啼荒殿,十载愁人拜古祠。海水有门分上下,江山无地限华夷。停舟我亦艰难日,愧向苍苔读旧杯。"这幅字画被后人称为"崖山三绝"。1962年田汉在此题下了"宋少帝与丞相陆

一口气读懂历史常识

秀夫殉国于此"13个大字,从而使这块巨石成为名副其实的"功罪石"。

"火箭"和"霹雳炮"是怎么来的?

火箭技术的研究可以追溯到中国古代。发明火药的中国人在13世纪就发明了"飞火箭"。火箭是把火药绑在箭头附近,点燃后发射出去,它是最早的火药武器。而霹雳炮是一种纸制的炮,它由2节组成,一节装的是火药,一节装的是石灰,爆炸后,石灰四处飞散,烧伤力极强。后来我们过节点的花炮就是霹雳炮经过改良而成的。

在中国古代的记载中,火箭的含义比较广泛,比如在电影电视中经常可以看到箭头点燃,靠弓弩发射的竹箭也称为火箭,而真正的火箭是在火药出现后才发明的。从唐末到宋初火药武器开始使用,但由于其配方和制作方法还处于初级阶段,所以不足以作为推进的燃料。随着火药配方和制造技术的进步,12世纪初研制成功了固体火药,并把它用于制造火器和焰火烟花,在使用这些火器与烟花特别是手持使用时,人们感到火药燃烧会产生很强的后坐力,于是有心人在这种启示下发明了新的火药玩具。大约12世纪末到13世纪初出现的玩具"穿天猴",可以说是真正意义上利用反作用原理的火箭,将这种火箭作为武器使用具有相当的杀伤力,所以在战争中也开始频繁地使用它。

公元1128年南宋政权建立后,南宋、金和蒙古频繁交战,各方都使用了火器。公元1161年11月,金国侵略中原时,南宋军

一口气读懂历史常识

队第一次使用了火箭武器——"霹雳炮"重挫金军,这是人类历史第一次在战场上使用火箭武器。连年的交战使火箭技术逐渐被金和蒙古所掌握,于是当时各方兵工厂的一个重要项目就是制造火药,在这种情况下火药的配方有所改进,制造工艺渐趋成熟,其燃烧速度和爆炸力也得到增强。13世纪蒙古在先后3次的大举西征中,采用了南宋的火器技术,用汉人工匠制造大炮。

在后来的元军西征中,阿拉伯人从中掌握了火药和火箭的技术,并进一步把它传入了西方。

投下州是什么时候建立的?

投下州是辽朝贵族建立的。投下也作"头下"、"投项"、或"头项",意为封地、采邑,是辽国诸王、公主、外戚、大臣、军将以征伐所得俘虏和奴隶建立的"私城"。诸王、公主、国舅可创立州城,其余则为军、县或堡。州、县名额由朝廷赐与。

投下户主要是战争中俘虏的汉人、奚人和渤海人。后期对外攻伐减少,公主所建投下州多以陪嫁的媵户设置。初期,辽太祖采纳韩延徽的建议,"树城郭,分市里,以居汉人之降者。又为定配偶,教垦艺,以生养之。以故逃亡者少"。投下州的人户多则四五千,少则 两千。投下州实际上是被剥夺了自由的俘虏从事强制性劳动的"移民村"。投下州的官员,节度使由朝廷任命,刺史以下官员由投下主以部属充任。

这是契丹统治者安抚俘虏和降人的方式,也是投下制产生的背景。它对安抚汉人、渤海人,发展辽国的农业、手工业起了很好的作用。

你听说过女中丈夫萧太后的故事吗？

萧太后（公元953~1009年），名绰，字燕燕。是辽景宗耶律贤的皇后，辽北院枢密使兼北府宰相萧思温之女，历史上被称为"承天太后"，辽史上著名的女政治家、军事家。

萧绰出身于辽代皇族著名四大别部之一的国舅别部，其父萧思温是辽朝的开国宰相萧敌鲁（述律皇后之兄）的侄子，萧思温历事辽太宗、辽世宗、辽穆宗、辽景宗四朝，身居险要，又有援立景宗之功，可谓权倾一时；其母燕国公主是辽太宗的长女，可见萧绰的出身是何等的显赫和尊贵了。辽朝皇室耶律氏和萧氏世为婚姻，皇后多为萧氏。我们一般说的萧太后，就是萧绰。萧太后是一个清正贤良、深明大义，为辽朝的发展做出了重大贡献的女功臣。

辽景宗继位时，面对混乱的局面，的确想励精图治，大干一番事业，但自幼身体一直不好，军国大事除了依靠蕃汉大臣之外，更重要的是依靠她的皇后萧绰（萧燕燕）。他曾对大臣说：在书写皇后的言论时也应称"朕"或"予"，这可作为一条法令。这说明萧绰可代行皇帝职权。

乾亨四年（公元982年）9月，辽景宗驾崩，辽圣宗即位，萧绰被尊为皇太后，摄政。当时萧绰才30岁，圣宗才12岁，在大臣耶律斜轸和韩德让的辅佐下。太后和圣宗的地位才得以巩固下来。统和元年（公元983年）6月，辽圣宗率群臣给萧绰上尊号为"承天皇太后"，并以承天皇太后的身份总摄军国大政，就此便开始了辽代历史上著名的"承天后摄政"时期。萧绰虚心诚恳，用人不疑，这一直为后世政治家所效法。她有男子一般的气魄，执法严明，毫不软弱，甚至"亲御戎车，指麾三军，赏罚信明，将士用命。""澶渊之盟"的签订，开创了宋辽和平发展时期，在中国历史上意义重大。

萧太后在摄政期间，励精图治，选用汉人，开科取士，消除番汉不平等待遇，劝农桑，薄赋徭，内政修明，军备严整，纲纪确立，上下和睦，与宋讲和，坐收岁币之利，经济文化快速发展，使辽朝达到鼎盛时期。

统和二十四年（公元 1006 年）10 月，辽圣宗率群臣给萧太后上尊号为"睿德神略应运启化法道洪仁圣武开统承天皇太后"。统合二十七年十一月，萧太后把权力交给辽圣宗，不再摄政。同年十二月，萧太后因病崩于行宫，享年 57 岁。

萧太后的军事阅历十分丰富，《辽史》的编纂者认为"澶渊之役"是她军事生涯中最光彩的一页。

历史上在位时间最短的皇帝是谁？

完颜承麟是金代最后一位皇帝，也是历史上在位时间最短的皇帝。在位不足一个时辰便因国灭而驾崩了。

1233 年，金哀宗完颜守绪被蒙古军队追赶到蔡州。蒙古约南宋联合攻金。1234 年（天兴三年）正月，宋蒙联军展开更为猛烈的攻势。哀宗见金朝已经危在旦夕，自己又不想做亡国之君，便在正月初九夜里召集百官，决定传位于当时任东面元帅的完颜承麟，完颜承麟又哭又拜，不敢承受。哀宗说："朕肌体肥重，不便

鞍马驰突。卿平日矫捷,万一得脱,国祚(zuo 坐,君主的位置)不绝。"这样,完颜承麟只能登上皇位,也就是金末帝。

登基之礼刚刚结束,末帝立即带兵迎敌,此时南宋军队已经攻入蔡州南门,金哀宗自缢身亡。末帝听说后大哭,还没哭完,大军便溃败了,末帝在乱军中丧命。至此,金王朝灭亡。

金末帝完颜承麟成了金朝的亡国之君。

朱元璋是怎样从和尚成为皇帝的?

名留千古的明太祖朱元璋曾经是个和尚,这可以说是古今第一人了。朱元璋的发达之路是怎样走出来的呢?

朱元璋,原名朱重八(朱八八),家境贫苦,从小就帮家里干活放牛,由于营养不良,朱元璋小时候体弱多病,瘦得皮包骨头。朱元璋父母十分迷信,认为只有观音菩萨才能救他一命,保佑他平平安安地活下去。于是,他们就把幼小的朱元璋送到附近的皇觉寺,并让朱元璋拜寺里的老和尚高彬为师。当然也有说是朱元璋活不下去才投奔寺院的。

朱元璋 10 岁时,沉重的赋役使朱家再次搬家。朱元璋就为地主刘德放牛。在放牛的过程中,朱元璋结识了徐达、汤和、周德兴等人,并成为要好的朋友。之后,瘟疫流行,朱元璋父母先后死去,朱元璋在走投无路之下,想起幼时曾经许愿舍身的皇觉寺,于是就去投奔了高彬和尚。可是,朱元璋做行童不久,寺里的粮食不够和尚们吃了,寺里也得不到施舍,主持高彬法师只好罢粥散僧,打发和尚们云游化缘。这样,朱元璋才做 50 天行童,就

一口气读懂历史常识

离开寺院托钵流浪。这时朱元璋年仅17岁。

朱元璋边走边乞讨，他听人说哪里年景好就往哪里走，在流浪的3年中，他走遍了淮西的名都大邑，接触了各地的风土人情，见了世面，开阔了眼界，积累了社会生活经验。艰苦的流浪生活铸就了朱元璋坚毅果敢的性格，但也使他变得残忍、猜忌。这段生活对朱元璋的一生产生了深远的影响。

1351年，白莲教起义。同年8月，彭莹玉、徐寿辉在蕲水(今湖北浠水)起义。这些起义者用红巾裹头，故称红巾军。1352年，郭子兴和孙德崖在濠州起义。

朱元璋投奔郭子兴的红巾军。这一年，朱元璋25岁。

朱元璋入伍后，因为他作战勇敢，而且机智灵活、粗通文墨，很快得到郭子兴的赏识，于是便把21岁的养女马氏嫁给了朱元璋，从此军中改称他为朱公子。有了身份，便不能再用从前的小名重八了，于是就另起了正式名字元璋，字国瑞。

不要认为和尚很容易当上皇帝，朱元璋作了军官以后，学习非常努力，他懂得读书的好处，前人的许多成功与失败的经验都写在书上，他时刻勉励自己勤奋学习。

朱元璋驰骋战场，他的军队受到百姓的拥护。朱元璋取得金陵，可以说这是"天时"给朱元璋的历史机遇。而后，朱元璋采取了李善长"高筑墙、广集粮、缓称王"的战略思想，是非常英明的，这也为他顺利地登上帝位打下基础。

从和尚变为九五之尊，朱元璋将它神话般地完成了。

历史上的大脚皇后指的是谁？

在我国的封建社会里，如果谁家的姑娘不缠足，长出一双大脚来，这姑娘即使长得再漂亮，身材再苗条，也会被别人看作丑八怪。正所谓"姑娘脚大，难找婆家"，姑娘们必须要有一双"三寸金莲"的小脚才算得上漂亮。

然而，朱元璋结发之妻、明朝的开国皇后马氏却是一双大脚。大家也都称他为"大脚皇后"。马氏因为父母死得早，家里没人照顾，所以马姑娘的脚也就没有缠。因他父亲生前与郭子兴是莫逆之交，于是便将马皇后交给郭子兴抚养，认郭子兴为义父。明太祖朱元璋因贫穷流离，投奔郭子兴账下，因为立了大功，郭子兴便把自己的养女马氏嫁给他为妻。

马氏随朱元璋征战数十年，夫妻共患难，感情深厚。朱元璋称帝时便册封这位结发之妻为皇后，也同时封她所生的嫡长子朱标为皇太子。洪武二年，追封岳父马公为徐王，岳母郑氏为徐王夫人，在朱家太庙东向建祠祭祀。

马皇后母仪天下以后，并未露出暴发户的脸孔，而是节俭严谨，她不许马氏远支族人继承马公爵位，避免了外戚们弄权祸国的可能性。朱元璋嗜杀多疑，马皇后仁慈善良，常常劝谏，挽救了不少大臣的性命。

朱元璋儿女诸多，马皇后不但毫无妒嫉，反而以慈母的身份对待其他妃嫔子女，是难得的贤妻贤后。

洪武十五年（1382 年），马皇后卧病。八月，病情逐渐变重，

一口气读懂历史常识

丙戌日崩,享年51岁。九月入葬孝陵,谥曰孝慈皇后。

马氏的离去,让朱元璋悲痛不已,不止一次当众恸哭,而且从此再未继立皇后。虽然后来由孙贵妃、李淑妃和郭宁妃打理后宫事务,但朱元璋二十多个儿子的嫡母,只有马皇后一位。

明成祖的皇位是怎么得来的?

自古以来皇位的争夺从未平息,每朝每代都不乏这样的事例。为了帝位,兄弟相残,亲人不亲。历史上著名的"靖难之役"便是其中之一,明成祖朱棣造了自己亲侄子朱允文的反,上演了一场"叔篡侄位"的戏。那么,明成祖是怎样篡位的呢?

明太祖朱元璋65岁时,皇太子去世,16岁的长孙朱允文被立为皇太孙。朱元璋的儿子中,燕王朱棣是个厉害人物。朱棣拥兵10万,燕王多次出塞征战,打败元朝残余势力的军队,尤受朱元璋的重视,军中的大将都受他节制,甚至特诏他军中小事自己决定,大事才向朝廷报告。由于功绩卓著,朱元璋令其"节制沿边士马",地位可算得上是尊贵。据说,朱元璋曾想让朱棣做皇储,换掉朱允文,但是由于大臣们的反对才没有换。

公元1398年,明太祖去世,朱允文即位,改年号为建文。那个时候,弱君在朝,强藩在外,各地藩王又都是皇帝的叔叔,建文帝感到皇位的不稳,决定撤藩,以此来巩固皇权。

最初,燕王朱棣虽有夺位之心,但不敢轻举妄动。但是,随着建文帝接连撤去几个藩王的王位,将他们降为百姓,朱棣心中便不安起来。于是,便偷偷地训练将士,决心对抗中央。

一口气读懂历史常识

公元 1399 年，朱棣借口朝中有难，奸臣当权，便以"清君侧"为名，从北平麾军南下。这场战争持续了 4 年，建文帝迂腐怯弱，无论是在政治上还是在军事上都不及朱棣。建文帝的军队多被靖难军（以"清君侧"为名的军队）所败。

建文四年（公元 1402 年），靖难军攻占南京，建文帝下落不明。朱棣进入南京以后，杀掉建文帝的亲信大臣。接着，朱棣登上皇帝的宝座，成为明成祖，改年号为永乐。

这次清洗极为残酷，共有数万人惨死于朱棣的屠刀之下。四年的"靖难之役"，给明初刚刚有所恢复的社会经济以较大的破坏，而直接遭到战争践踏的地区，破坏更为严重，史书上称"淮以北鞠为茂草"，当为真言。

你知道男扮女装的明孝宗朱祐樘吗？

明孝宗朱祐樘（公元 1470~1505 年）是宪宗朱见深的第三个儿子。但作为皇子，他的童年却是在冷宫度过的。堂堂皇子除了吃尽苦头之外，还要男扮女装来掩人耳目，以保自己的安全。

明宪宗朱见深爱上比自己大 19 岁的宫女万贞儿。宪宗登基，打算立万氏为后，但是遭到太后反对。虽然万氏没有被封，却是皇上最宠的人。万氏生下皇子而被封为贵妃。然而皇子早夭，万氏却没有了生育能力。同时她也殃及他人，不允许其他妃子怀孕。

朱祐樘的生母本是广西纪姓土司的女儿，纪姓叛乱平息后，少女纪氏被俘入宫中，派充到内廷书室看护藏书。一次宪宗偶尔经过，见纪氏美貌聪敏，就留宿了一夜。事后，纪氏怀孕。万贵妃知道后,命令一宫女为纪氏堕胎。宫女不忍下毒手,便谎报说纪氏并未怀孕。万贵妃仍不放心,下令将纪氏贬居冷宫。纪氏是在冷宫中偷偷生下了朱祐樘,万贵妃得知后又派门监张敏去溺死新皇子,但张敏却冒着性命危险,帮助纪氏将婴儿秘密藏起来,每日用米粉哺养。为了不让万贵妃发现,掩人耳目,张敏将朱祐樘打扮成小女孩的模样。就这样朱祐樘一直被偷偷地养到6岁。

有一次,张敏为宪宗梳头,宪宗叹息说:"我眼看就要老了,还没有儿子。"张敏连忙伏地说:"万岁已经有儿子了。"宪宗大吃一惊,忙追问究竟,张敏说出了实情。宪宗听了大喜,立即命令去接皇子。

当宪宗第一次见到因为长期幽禁,胎发尚未剪、拖至地面的瘦弱的儿子,心痛得流下眼泪。当天召集众臣,说出真相。次日,颁诏天下,立朱祐樘为太子,并封纪氏为淑妃。但随之纪氏却在宫中暴亡,门监张敏也吞金自杀。显然,纪妃与张敏之死都和万贵妃的迫害有直接关系。宪宗的母亲周太后担心万贵妃会对太子下毒手,就亲自将孙子抱养在自己的仁寿宫内,才使太子安全地生活在宫中。

成化二十三年(公元1487年)春,万贵妃病死,宪宗也因悲伤过度于八月去世。太子朱祐樘于九月壬寅日继位。第二年改年号为"弘治",是为明孝宗。宪宗留给儿子的不仅是一个紊乱的朝政,而且是一个千疮百孔的国家。他一登上皇位,就着手改革弊政。孝宗皇帝励精图治,使弘治朝吏治清明,任贤使能,抑制官宦,勤于务政,倡导节约,与民休息,孝宗在位18年间是明代历

史上少有的经济繁荣、人民安居乐业的和平时期。被史家称为"弘治中兴"。但孝宗疏于武备,在军事上无所建树,对于北部边患没有采取什么强有力的措施。

由于先天体弱,儿时又历经艰苦,孝宗仅活了36岁。尊谥建天明道诚纯中正圣文神武至仁大德敬皇帝,庙号孝宗,葬于北京昌平泰陵。

明末宫廷三大案分别是什么?

"明末三大案"是明朝末期宫廷中发生的梃击案、红丸案、移宫案的总称。这三起事件本身并不是很重要,甚至并没有什么大的波澜。但是它却预示着明末纷乱和衰亡的开始,所以称为"三大案"。

(1)梃击案

梃击案发生在万历四十三年五月初四。有一个叫张差的男子手拿着木棍直闯皇太子居住的慈庆宫,并打伤守门宦官李鉴。后来张差被捕,经过审讯,发现郑贵妃与此案有关。一些大臣上书皇帝一定要深究此案。当时的刑部主事秘密审讯了张差,结果招出郑贵妃与此确有关系。郑贵妃见东窗事发,便去哀求皇太子。皇太子也请求皇帝快速了结。神宗宠信郑贵妃,就只将张差处死,将此案不了了之。而那些主张继续追查的官员事后反而都受了轻重不等的处分。

(2)红丸案

光宗宠爱两名李氏选侍,分别为"东李"和"西李"。其中西李

一口气读懂历史常识

最为得宠。郑贵妃与西李暗中交结，郑贵妃向光宗提请西李为皇后，西李提请郑贵妃为皇太后，后因大臣反对而作罢。光宗患病，西李以侍奉为由入住光宗寝殿。八月二十九日，鸿胪寺丞李可灼献上一颗红丸，光宗服后获得暂时的舒适。见有疗效，黄昏后就再吃了一颗，结果半夜光宗驾崩。这就是红丸案。后来朝中谣言遍起。李可灼被罚回乡养病，掌御药房的司礼监秉笔（原郑贵妃的内侍）崔文升则被贬放到南京。

（3）移宫案

光宗去世后，西李占据乾清宫，一直不肯移宫。她与心腹太监魏忠贤一起要挟皇太子。并且还要求官员要先将奏章给她看，再给朱由校看。群臣联合要求西李移宫。面对群臣的催促，西李找不到合理的原因再住乾清宫，最后不得不移出。结果4年后，熹宗又封西李为康妃，次年更颁布《三朝要典》，颠倒三大案的黑白。

这些看似宫廷里的小事，但是却是明末政治出现问题的标志。明王朝的迟暮期已经到了。

第一个来华传播天主教的是谁？

公元1582年，利玛窦来到中国，成为来华传播天主教的第一人。

1552年利玛窦出生于意大利马尔凯州（Marche）的马切拉塔（Macerata），家里经营利氏药房，是当地的名门。利玛窦一直在一所耶稣会开办的中学学习，他的父亲很担心利玛窦加入耶稣会。

利玛窦16岁来到罗马，于1571年的圣母升天节那天加入了耶稣会。

公元1582年，利玛窦来华，明后期一直在中国活动。开始是在广东肇庆传教，到1601年来到北京，开始与中国士大夫徐光启等人交往。利玛窦提出将孔孟之道和宗法敬祖思想同天主教思想相融合。同时，利玛窦也介绍过一些西方的自然科学知识，并和徐光启合译了《几何原本》。利玛窦带来的各种西方的新事物，吸引了众多好奇的中国人。特别是他带来的地图，令中国人眼界大开。

利玛窦对中国文明非常称赞：除了还没有沐浴"我们神圣的天主教信仰"之外，"中国的伟大乃是举世无双的"，"中国不仅是一个王国，中国其实就是一个世界。"而且他还发现中国人非常博学，医学、自然科学、数学、天文学都十分精通。但是他也发现在中国人之间科学不大成为研究对象。

利玛窦建立"仙花寺"，开始传教工作。起初传教十分低调。1584年利玛窦制作并印行《山海舆地全图》，这是中国人首次接触到了近代地理学知识。利玛窦利用解释各种西方事物的机会，同时介绍了他们的天主教信仰。很快亦有中国人对天主教产生兴趣。于是利玛窦开始派发罗明坚撰写的《天主实录》，用中文解释天主教的教义。许多中国人都对这部书产生了很大的兴趣。但无论是"仙花寺"的创立，还是《天主实录》的刊行，中国人始终是把它当作佛教流派而已，中国人对于基督教还没有多少实质的认识。

这些传教士在宣传宗教的同时也带来了一些科学知识。有的传教士编写了自然科学著作，有的同中国人一起翻译书籍，还有的知识分子也翻译了外国书籍，编写了自然书籍的著作。除了徐光启与利玛窦合译的《几何原本》外，还有李之藻的《圜容教义》、徐光启译《测量法义》、熊三拔著《泰西水法》等。传入中国的还有西方古典哲学及绘画、建筑艺术等。

利玛窦来华对我国科技文化的发展起了一定的积极作用，他促进了东西文化的交融，也让西方了解了中国。

"天下兴亡，匹夫有责"是谁首先提出来的？

电影版《赤壁》中有一个小错误："天下兴亡，匹女有责"。不是说它将"夫"改成了"女"，而是这句话在那个时代还没有产生。"天下兴亡，匹夫有责"是明末清初的思想家、爱国学者顾炎武提出的。

顾炎武在《日知录》里说道："是故知保天下，然后知保其国。保国者，其君其臣肉食者谋之。保天下者，匹夫之贱，与有责焉耳矣。"这被后人概括为"天下兴亡，匹夫有责"。在顾炎武的话里，"国"是指一家一姓的朝廷，"天下"指的是自己民族的优秀文化和优良传统。

明末政治腐败，社会动荡。人民起义不断，清朝的铁骑鏖兵南下，推翻了明朝的统治。明朝被异族占领，清朝成了汉人的统治者。顾炎武的母亲绝食殉国，临终前嘱咐儿子不许做清廷的官。顾炎武遵守母亲遗训，并且投身到反清复明的潮流之中。不但直接参加反对清王朝的斗争，而且始终坚持民族气节。曾与归

庄等参加"惊隐诗社",以不仕清廷相激励。哲学上,顾炎武继承了一元论唯物主义传统,注重实践,提倡"经世致用"的实际学问,主张书本知识和实际考察相结合,反对空谈性命义理,主张天下"众治",反对"独治"。

康熙二十一年正月初四,顾炎武在山西曲沃韩姓友人家,上马时失足,日夜呕吐不止,初九丑刻与世长辞,享年70岁。

世界上最早的推理小说是什么？

世界上最早的推理小说是我国明代的《包公案》。它的全名是《增像包龙图判百家公案》,简称《包公案》。小说记录了宋朝年间河南开封"铁面包公"的断案故事。故事有100多个,个个故事的情节都曲折扑朔,也是对包公机智正义的颂扬。包公断案如神,不畏强权,从不徇私枉法,所以百姓称他"包青天"。他的身边还有七侠五义,他们个个身怀绝技,在七侠五义的帮助下,包公惩治了一个又一个恶霸,一次又一次使真相大白于天下。后来经过清朝艺人的说唱,《包公案》在社会上影响越来越大,也深深地影响了其他小说的创作,如《七侠五义》。《包公案》里的故事情节曲折离奇,事件环环相扣,牢牢地牵动读者的兴趣。如《审伽蓝》、《阿弥陀佛讲和》、《借衣》等。

《包公案》是世界上最早的推理小说,它的问世也是当时我国政治经济发展的产物,成为反映社会的一面镜子。

你听过"郑和下西洋"吗？

郑和本姓马,小字三宝,云南昆阳人,他出生于世世代代信

奉伊斯兰教的回族家庭。

郑和长得高大魁梧，善辩机智，"资貌才智，内侍中无与比者"，前期深得明成祖朱棣的信赖，后来，成为成祖的心腹。

"郑和下西洋"的历史壮举使郑和成了家喻户晓的风云人物。

从永乐三年(公元 1405 年)至宣德八年(公元 1433 年)，明成祖派遣他率领规模庞大的船队驰骋万里海域，先后 7 次下西洋。郑和航海规模之大，航程之远，所到国家之多，为历史上罕见的伟大事迹。

郑和七下西洋，每次出航，明成祖都交给他不同的任务。明成祖在永乐三年六月首次派郑和远渡重洋，目的是为了联络外邦共同对付帖木儿帝国，使它没有入犯的时间和机会。后 6 次的目的基本一致，是为了开辟新航海路线，便于与国外进行贸易。

李时珍的代表著作是什么？

明朝著名医学家李时珍的代表著作是《本草纲目》。这本医书是李时珍以毕生精力，亲自采集，经过多年的实地考察和研究，对本草学进行了全面的整理总结，历时 27 年编成，花费 30 余年心血的结晶。

《本草纲目》是集我国 16 世纪以前药学成就之大成，在训诂、语言文字、历史、地理、植物、动物、矿物、冶金等方面也有突出成就，对世界自然科学也有举世公认的卓越贡献。它是几千年来祖国药物学的总结。

这本药典，不论从它严密的科学分类，或是从它包含药物的

111

数目之多和流畅生动的文笔来看，都远远超过古代任何一部本草著作。

为什么清朝官员特别看重花翎？

清朝官员帽子曾被说成是最贵的帽子，原因就是因为上面的花翎。

花翎在清朝是一种辨等威、昭品秩的标志，一般官员不能戴用；花翎的作用是昭明等级、赏赐军功，清代各帝都三令五申，既不能僭越本分妄戴，又不能随意不戴，如有违反则严行参处；一般降职或革职留任的官员，仍可按其本任品级穿朝服。但是如果被罚拔去花翎，那可就是非同一般的严重处罚，可见花翎在当时的重要作用，它是一种身份的象征。

花翎又分一眼、二眼、三眼，其中三眼最尊贵。所谓"眼"指的是孔雀翎上的眼状的圆，一个圆圈就算做一眼。

在清朝初期，皇室成员中爵位为亲王、郡王、贝勒的贝子和固伦额附（即皇后所生公主的丈夫）的，有资格享戴三眼花翎；清朝宗室和藩部中被封为镇国公或辅国公的亲贵、和硕额附（即妃嫔所生公主的丈夫），有资格享戴二眼花翎；五品以上的内大臣、前锋营和护军营的各统领、参领（担任这些职务的人必须是满洲镶黄旗、正黄旗、正白旗这上三旗出身），有资格享戴单眼花翎，而外任文臣无赐花翎者。由此可知花翎是清朝居高位的王公贵族特有的冠饰，而即使在宗藩内部，花翎也不得逾分滥用；有资格享戴花翎的亲贵们要在 10 岁时经过骑、射两项考试，合格后

才能戴用。所以说花翎的发配是十分严格的，得到它很不容易。但后来花翎赏赐渐多，就不一定经过考试了。

到了道光后期，花翎的赏赐范围渐大，各方面对国家有功之人均可赏戴花翎；但是第一次鸦片战争后，因国库空虚，还出现了捐翎的例制，花翎为7000两实银，蓝翎为5000两实银，不准折扣。广东洋商伍崇曜、潘仕成捐数万两银子，曾被赐戴花翎。

花翎逐渐成为清政府填充国库的东西，已经远远不及以前尊贵。花翎因为国家的落后而价值大跌了。

秘密立储开始于什么时候？

皇位的继承一向是历朝历代皇室的大问题。一直以来基本都采取公开的立储方式，到了康熙的时候，因为种种原因开始了秘密立储。

爱新觉罗·玄烨8岁登基，于顺治十八年即位，翌年改元康熙，史称康熙皇帝。

康熙把对胤礽的生母，自己的结发妻子孝诚仁皇后赫舍里氏的感情转移到了胤礽身上，又因受儒家立嫡立长的思想影响，立了年幼的胤礽为皇太子（胤礽前面的几个哥哥除了庶妃所生的胤禔之外都死了）。

康熙非常宠溺这个孩子，甚至为了太子不会被下面的人要手段欺负，竟把他奶娘家的人提上来做了内府总管，就为了他要什么东西都能是最好的，不至于受委屈。而且康熙亲自教他读书，后来又特别请了大学士做他的老师。胤礽那个时候也用功，可算得上是文武双全了，加上一副仪表，更讨康熙欢心。还特别

一口气读懂历史常识

113

在畅春园之西为胤礽修了一座小园林,赏他居住;出巡时也命他随侍左右。但由于康熙的过分宠溺,造成了胤礽性情上的娇纵暴戾。

胤礽的所作所为终于使康熙无法再忍耐下去,决定废太子。虽然后来又让胤礽复位,但最终还是彻底废黜了他。

康熙在废黜太子导致心神俱伤的情况下,还要面临错综复杂的储位之争的局面,这使得他不得不深入思考皇储关系、储君标准、建储方式等重大问题,力图寻找一个较好的办法,避免以往的失误。

在经过了总结、思考以及对储君的精心选择后,康熙开始实施他的建储计划。定出了"有德者即登大位"、"择贤而立"的择储标准。

标准有了,康熙就立储一事征询重臣意见,可是他自己却始终没有表露态度,更没有做出决定。可见他对储君人选及册立日期等重大的问题,已经开始有意识地采取了保密的措施。

新的立储标准以及对储君人选、建储的有关问题的保密原则等等,都比较新颖,而且秘密色彩浓厚,因而可称之为秘密建储计划。而这个秘密建储计划的核心就是由皇帝全权决定储君人选,完全排除统治阶层中任何集团或个人对建储的干扰。

秘密建储在康熙朝晚期出现,是形势的需要,也有其历史的必然性。不过,虽然康熙是秘密建储的开创者,但直到雍正、乾隆二帝才把它的不足加以改进,把它的疏漏加以补足,并作为一种制度最终确立下来。

乾隆在历史上有哪些贡献?

乾隆帝,讳弘历,姓爱新觉罗,是雍正帝第四子。生于康熙五十年八月十三,卒于嘉庆四年正月初三,终年 88 岁。

乾隆皇帝弘历在位 60 年,所作的事情很多,功绩也很多,光记载他言行的《清高宗实录》就达 1500 卷,据统计,共有 13580136 字,而且还没有将标点符号计入。

乾隆皇帝对历史所做出的主要贡献总结起来,共有 8 件,如下:

第一件是编修文化典籍。①最著名的就是他主持纂修了《四库全书》。《四库全书》的修著远远不在于对当时的意义,也更好的方便了后代学者研究中国古代文化,是现代研究的文献基础。②他整理了《无圈点老档》。《无圈点老档》是以无圈点老满文为主书写的,它叙述详尽、系统,是现存最珍贵的清太祖、太宗时期编年体史料长编。③乾隆还编绘了《京城全图》,编修了《国朝宫史》,非常重视京师文化。

第二件是兴建、维护皇家园林。乾隆在北京及京畿保护、维修、兴建了大量皇家宫殿园林,如皇宫的宁寿宫及其花园、天坛祈年殿、清漪园、圆明园三园、静宜园、静明园、避暑山庄。这些皇家园林的兴建保存,体现着清代园林文化的辉煌,是园林艺术史上的一串串璀璨的明珠,很多都已成为世界文化遗产。

第三件是贡献诗文才华。乾隆帝具有很强的艺术才能,极具才华。他不仅精通新满文,精通汉语汉文,而且还懂蒙、藏、维等

多种语言文字。另外,乾隆尤其喜爱书法并长期痴迷于书法,至老不倦。在他所到之处,挥毫题字,墨迹之多,罕与伦比。

第四件是蠲免天下钱粮。乾隆爷是史上爱民的君主之一,据统计,乾隆曾先后5次普免全国一年的钱粮,3次免除江南漕粮,累计蠲免的赋银约相当于5年全国财赋的总收入。但他的这些作为也收到很好的社会效益。

第五件是重新统一新疆。他用兵西陲,开辟新疆、巩固新疆。在北疆,2次平准噶尔,也使南疆获得重新统一,从此将西域与中原再度连为一体。

第六件是完善治理西藏。乾隆2次派兵打败廓尔喀的侵犯,为治理西藏制定了《钦定西藏章程》以及著名的金瓶掣签制度。

第七件是修砌浙江海塘。乾隆在位时期尤其体恤民情,因为浙江原有的柴塘、土塘经常会受到海潮的冲击。乾隆命拨银共修建石砌海塘4000余丈,加强了这一地区抗御海潮侵袭的能力,使当地人民的生活得到安定。

第八件是统一了中华各族。清朝在乾隆朝才真正实现大一统,乾隆在其祖宗既有成就的基础上励精图治,进一步巩固并开拓了中国的疆域版图,促进了中华民族的多民族统一。

总之,在乾隆朝中国形成了一个疆域广大的多民族国家,百姓安居乐业,乾隆帝在历史上也受到很好的评价。

一口气读懂历史常识

116

近代史篇

武外史篇

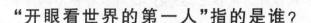

"开眼看世界的第一人"指的是谁？

鸦片战争时期，林则徐主张严禁鸦片、抵抗侵略。史学界称他为近代中国"开眼看世界的第一人"。

针对鸦片问题。道光十六年，太常寺少卿许乃济倡导"弛禁论"，请准民间贩卖吸食，使鸦片走私合法化；道光十八年，鸿炉寺卿黄爵滋提出"严禁论"，以重治吸食为先。林则徐曾向朝廷上奏，请求严禁鸦片。没有等皇上批示，就开始在全省厉行禁烟，收缴烟土、烟膏与烟具，并配制"断瘾药丸"，供人戒烟，成效卓著。随后又上奏一份奏折，极力陈述禁烟特别是杜绝鸦片来源的重要性和禁烟方略，并针对反对派的驳斥强调说："法当从严，若犹泄视之，是使数十年后，中原几无可以御敌之兵，且无可以充饷之银"，一直举棋不定的道光帝也认识到严禁鸦片的迫切性、必要性和可能性，于是，被迫接受严禁主张，决定禁烟。11月15日，道光皇帝特命林则徐为钦差大臣赴粤查办禁烟。

林则徐于道光十九年正月抵广州，于二月初四，会同邓延桢等人传讯十三行洋商，责令转交谕帖，命外国鸦片贩子限期缴烟，并保证今后永不夹带鸦片，他还严正声明："若鸦片一日不绝，本大臣一日不回，誓与此事相始终，断无中止之理。"但是外商拒绝交出，经过坚决的斗争，挫败英国驻华商务监督义律和鸦片贩子，收缴全部鸦片近2万箱，约237万余斤，于四月二十二日在虎门海滩上当众销毁。

在查禁鸦片时期，林则徐曾在自己的府衙写了一副对联："海纳百川有容乃大，壁立千仞无欲则刚"这副对联形象生动，

一口气读懂历史常识

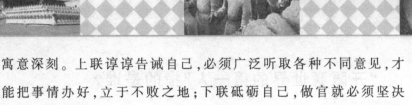

寓意深刻。上联谆谆告诫自己，必须广泛听取各种不同意见，才能把事情办好，立于不败之地；下联砥砺自己，做官就必须坚决杜绝私欲，才能像大山那样刚正不阿，挺立世间。林则徐提倡的这种精神，不仅令人钦敬，也是后人之鉴。

你知道虎门销烟的故事吗？

林则徐领导禁烟运动的胜利，是中国人民反侵略斗争史上第一个伟大胜利，这一伟大壮举，维护了民族的尊严和利益，增长了中国人民的斗志。虎门销烟也成为我国近代史上反帝斗争中的光辉一页。

1839 年 6 月 3 日，天刚蒙蒙亮，广州城一片沸腾。人们纷纷前来围观城门旁张贴着的一张大布告。有的人大声宣读着："钦差大臣林则徐，遵皇上御旨，于 6 月 3 日在虎门滩将收缴的洋人鸦片当众销毁，沿海居民和在广州的外国人，可前往观瞻……"老年人边听边点头，笑盈盈地捋着胡须。青年人兴奋地挥着拳头，赞不绝口。顽皮的孩子们在人群里钻来钻去，高兴地叫喊着："烧洋鬼子的大烟了，快到虎门滩去看呀！"于是，成群结队的百姓，穿着节日盛装，敲锣打鼓，起劲地舞着狮子和龙灯；孩子们则用竹竿挑着一挂挂鞭炮，劈里啪啦，震耳欲聋。浩浩荡荡的人流，向虎门滩涌去。

前往虎门滩的群众，经过英国洋馆。在过去，英国洋馆里的英国人趾高气扬，不可一世。可是那天，洋馆却死一般寂静，几个在窗口向外探望的英国商人，见人海如潮，喊声震天，竟然吓得赶忙把头缩了回去。虎门离广州城约有 100 多里地，人们冒着

6月的骄阳前来观看。虎门海滩人山人海，水泄不通。

虎门滩高处，挖了两个15丈见方的销烟池，池子前面有一个涵洞，直通大海，后面有一个水沟，往里灌水。池子周围搭了几个高台，林则徐、邓廷桢、关天培等文武官员，在高台上监督销烟。销烟民夫先将池子灌上水，然后再把一包包海盐倒入池内，最后把烟土切成四瓣扔进水里。等烟土泡透后，再把一担担生石灰倒进池子里。不一会儿，池子像开了锅似的，黑色的鸦片在池子里翻来滚去，一团团白色烟雾从池子里往上蒸腾，弥漫了整个虎门滩。围观的群众欢呼跳跃。在雷鸣般的欢呼声中，通向大海的涵洞被打开了，咆哮的海水就将销毁的鸦片卷走了。

这惊天动地的场面，令许多外国商人看到都非常震惊，他们便恭恭敬敬地走到林则徐的台前，摘下帽子，躬身弯腰，表示敬畏。林则徐浩然正气地对他们说："现在你们都看到了，天朝严令禁烟。希望你们回去以后，转告各国商人，从此要专做正当生意，千万不要违犯天朝禁令，走私鸦片，自投罗网。"那些外国商人们只是洗耳恭听，连声称是。2万多箱鸦片，23天才全部销毁。这一壮举，一方面大大长了中国人民的志气，另一方面也大灭了外国侵略者的威风。

第一次鸦片战争的爆发原因是什么？

1839年7月，九龙尖沙咀村发生林维喜案。英国水兵在村内醉酒闹事，打死村民林维喜。这成为第一次鸦片战争爆发的导火线。

1839年8月初，中国禁烟消息传至英国，英国国会对此进

一口气读懂历史常识

行激烈辩论,在女王维多利亚的影响下,最终以271票对262票通过军事行动。英国内阁于10月1日作出"派遣舰队去中国海"的决定。1840年2月,英国政府任命懿律和义律为正/副全权代表,懿律为侵华英军总司令。4月,英国议会正式通过发动战争的决议案,派兵侵略中国。懿律率领的英国舰船40余艘及士兵4000人,于同年6月抵达中国海面,这标志着第一次鸦片战争正式开始。

从某种程度上可以说,鸦片战争爆发的直接原因是林则徐的禁烟运动。林则徐在严禁鸦片的同时,也积极进行战备。一方面注意吸收敌方军事技术的长处,有的放矢地加强己方,主要是在船炮水军的建设上下工夫。另一方面比较重视民众的力量,认为"民心可用"。而其根本原因是工业革命后,英国为夺取原料产地和消费市场,推行殖民扩张政策,决意用武力打开中国大门。

第一次鸦片战争的结果及影响是什么?

第一次鸦片战争结束以后,中国被迫同英、美、法等国签订了《南京条约》、《望厦条约》和《黄埔条约》等丧权辱国的不平等条约,中国社会的性质开始发生根本性的变化,开始沦为半封建半殖民地国家。第一次鸦片战争的影响是巨大的,主要表现在以下3个方面:

(1)社会问题的加剧:自嘉庆、道光年间以后,中国社会已经存在许多严重问题,比如土地兼并、人口过剩、贪官污吏等,但川楚教乱之后数十年的太平,使得当时的社会问题隐藏于

后，鸦片战争虽然直接影响的地区不多，但是对于清朝的权威有所打击，许多社会问题逐渐浮现，造成许多的民变发生，间接促成了太平天国的兴起。

（2）国际关系的改变：鸦片战争以前，中国是一个独立自主的封建国家，清政府行使全部主权；而鸦片战争之后，《南京条约》以及其后的一连串不平等条约，使中国部分主权遭到严重的破坏，鸦片战争开启了受到西方帝国主义百年侵略的历史。

（3）对知识界的影响：从宏观看来，鸦片战争的胜败反映了当时东西方科技尤其是军事上的巨大差距，但是当时只有极少数人物如林则徐、魏源等，开始对西方科技的进步注意，并著书介绍西方事物，但绝大多数的士大夫，并没有因鸦片战争而改变对西方的看法，更不用说向所轻视的"夷人"学习。此外，由于五口通商使得口岸的商人，反而较一般知识分子更先开始接触学习西方事物。

第二次鸦片战争爆发的原因是什么？

第二次鸦片战争是英法资产阶级第一次联合侵略中国的战争，又称英法联军之役。1856~1860 年，英、法在俄、美支持下联合发动侵华战争，是第一次鸦片战争的继续和扩大。

第一次鸦片战争后，西方资本主义列强相继侵入中国。但是，它们不满足已经取得的特权和利益，蓄意加紧侵犯中国主权，并进行经济掠夺。

1854 年，《南京条约》届满 12 年。英国曲解中美《望厦条约》关于 12 年后贸易及海面各款稍可变更的规定，援引最惠国条

款,并向清政府提出全面修改《南京条约》的要求。主要内容为:中国全境开放通商,鸦片贸易合法化,进出口货物免交子口税,外国公使常驻北京等等。法、美两国也分别要求修改条约。对此清政府表示拒绝,所以交涉并无结果。

1856年,《望厦条约》届满12年。美国在英、法的支持下,再次提出全面修改条约的要求,但仍被清政府拒绝。于是,西方列强决心对中国发动一场新的侵略战争。是年春,克里米亚战争结束,英、法获胜,因此得以调出较多的兵力转向中国。俄国则因战败,企图用侵略中国来弥补损失。美国也积极向外扩张,采取与英、法勾结侵略中国的政策。

1856年10月,英国利用"亚罗号事件"制造战争借口。"亚罗号"是一艘中国船,曾经为走私方便,在香港英国当局注册,但是已经过期。10月8日,广东水师在"亚罗号"上逮捕几名海盗和涉嫌水手。这纯属中国内政,与英国毫不相干。英国驻广州代理领事巴夏礼在英国驻华公使、香港总督包令的指使下,致函两广总督叶名琛,称"亚罗号"是英国船,捏造中国兵勇曾侮辱悬挂在船上的英国国旗,要求送还被捕者,并赔礼道歉。起初叶名琛据理力争,但之后又妥协退让,将全部人犯送到英领事馆。巴夏礼为了进一步扩大事态,百般挑剔,拒不接受。10月23日,英舰突然闯入虎门海口,进攻珠江沿岸炮台,悍然挑起侵略战争。接着,英军炮轰广州城,并一度攻入内城。当地军民英勇抵抗。1857年1月,英军因兵力不足被迫退出珠江内河,等待援军。

一口气读懂历史常识

第二次鸦片战争的经过是什么？

1857年3月，英国政府为了扩大侵略战争，任命前加拿大总督额尔金为全权代表，并率领一支海陆军来中国，同时向法国政府提出联合出兵的要求。在这之前，法国正以"马神甫事件"向中国交涉（所谓"马神甫事件"，就是指法国天主教神甫马赖违法进入中国内地活动，胡作非为，于1856年2月在广西西林县被处死一案。）法国政府于1857年以"马神甫事件"作为侵略中国的借口，任命葛罗为全权代表，率军来华协同英军行动。

1857年12月，英法联军5600余人（其中法军1000人）在珠江口集结，准备大举进攻。美国公使列卫廉和俄国公使普提雅廷也到达香港，与英、法合谋侵华。其时，清政府正在以全力镇压太平天国和捻军起义，加上"饷糈艰难"，对外国侵略者只能采取"息兵为要"的方针。两广总督叶名琛忠实执行清政府的政策，不事战守。12月28日，英法联军炮击广州，并登陆攻城。都统来存、千总邓安邦等率兵顽强抵御，次日失守。广东巡抚柏贵、广州将军穆克德讷投降，并在以巴夏礼为首的"联军委员会"的监督下继续担任原职，供敌驱使。叶名琛被侵略军俘虏，随后解往印度加尔各答。侵略军占领广州期间，当地人民进行了不屈不挠的斗争。广州附近义民在佛山镇成立团练局，集合数万人，御侮杀敌。香港、澳门爱国同胞亦纷纷罢工，表示抗议。

广州沦陷以后，为对清政府造成直接威胁，四国侵略者合谋继续北上。英、法、俄、美四国公使于1858年4月率舰陆续来到大沽口外，分别照会清政府，要求指派全权大臣进行谈判。俄、

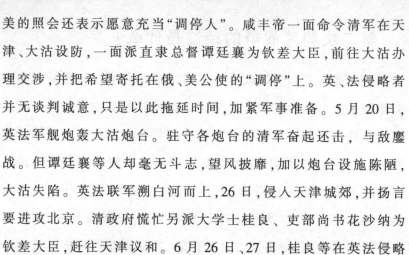

美的照会还表示愿意充当"调停人"。咸丰帝一面命令清军在天津、大沽设防，一面派直隶总督谭廷襄为钦差大臣，前往大沽办理交涉，并把希望寄托在俄、美公使的"调停"上。英、法侵略者并无谈判诚意，只是以此拖延时间，加紧军事准备。5月20日，英法军舰炮轰大沽炮台。驻守各炮台的清军奋起还击，与敌鏖战。但谭廷襄等人却毫无斗志，望风披靡，加以炮台设施陈陋，大沽失陷。英法联军溯白河而上，26日，侵入天津城郊，并扬言要进攻北京。清政府慌忙另派大学士桂良、吏部尚书花沙纳为钦差大臣，赶往天津议和。6月26日、27日，桂良等在英法侵略者威逼恫吓下分别与英、法订立中英、中法《天津条约》。

第二次鸦片战争的失败及其原因是什么？

第二次鸦片战争结束以后。中国再次损失了大量主权和领土，进一步走向半殖民地的道路。其中，鸦片贸易合法化、华工出国及允许外国人前往内地传教，都使中国的社会矛盾进一步激化。经过第二次鸦片战争，外国资本主义的侵略势力由东南沿海进入中国内地，并日益扩展，外国公使驻京加强了对清政府的影响和控制，中国社会进一步半殖民地化。同时，鸦片战争不仅使清政府的权力机构发生变化，也使一部分官绅认识到了中国的新变局，主张"师夷长技"，自强求富，兴起了洋务运动，旨在推动王朝中兴，由此"变局论"的思想流行开来。

此外，第二次鸦片战争还有圆明园之事：火劫、联军、土匪、筛土贼等。当英法联军对圆明园疯狂地进行洗劫时，就有无数的土匪参与了打劫。英法联军选择最贵重的东西进行抢劫，土

一口气读懂历史常识

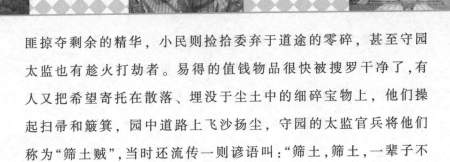

匪掠夺剩余的精华，小民则捡拾委弃于道途的零碎，甚至守园太监也有趁火打劫者。易得的值钱物品很快被搜罗干净了，有人又把希望寄托在散落、埋没于尘土中的细碎宝物上，他们操起扫帚和簸箕，园中道路上飞沙扬尘，守园的太监官兵将他们称为"筛土贼"，当时还流传一则谚语叫："筛土，筛土，一辈子不受苦"，所幸的是这时并未伤及建筑。

在历时 4 年的抗击英法联军的战争中，清军的最终失败，其原因是多方面的。

首先是清政府政治腐败、反动，实行对内镇压人民起义，对外妥协投降的反动政策。

其次是清军武器装备落后、作战方法笨拙也是导致失败的重要原因之一。第二次鸦片战争时期，英法侵略军已装备了当时世界上最先进的武器，比如发射圆锥形弹丸的线膛后装步枪、线膛后装火炮以及便于浅水航行的蒸汽炮艇等。而清军的装备却仍停留在第一次鸦片战争时期的水平，仍然是鸟枪、抬枪和发射球形弹丸的前装炮及冷兵器，加之炮台构筑仍是露天式的，经不起侵略军炮火的轰击。在作战方法上，英法联军注意水陆协同作战，以强大炮火掩护陆军登陆，陆上战斗采取散兵战术，而清军则故步自封，墨守成规，忽视陆地纵深设防，不懂散兵战术，所以一败再败。清政府对此浑然不知，这也正从一个方面证明了清王朝和以它为代表的中国封建制度的没落。

香港是如何沦为殖民地的？

1840 年鸦片战争爆发不久，清朝道光皇帝由主战转向主

和,派钦差大臣琦善到广州与英军谈判。

1841 年 1 月,琦善与义律在清廷与英国政府不知情下草拟《穿鼻草约》。1841 年 1 月 20 日,由义律发出《给女王陛下臣民的通知》中,宣称他和琦善之间"达成了初步协议",其中包含"把香港岛和海港割让给英国",并于 1 月 26 日于香港岛北岸的水坑口登陆。但是由于清廷及英国政经界分别认为有辱国体及获利太少,故双方都不承认《穿鼻草约》的存在,但英国军方并没有撤出香港岛。

直至 1842 年,清朝在第一次鸦片战争中被大英帝国打败,并于第二年与英国签订《南京条约》,才将香港岛连同邻近的鸭脷洲正式割让与英国。

1860 年,清廷在第二次鸦片战争中再度败给英法联军,被逼签下《北京条约》,并把九龙半岛南部连同邻近的昂船洲一同割让给英国。当时在九龙半岛上的新边界只用矮矮的铁丝网分割,位置就在今天的界限街。

1898 年,英国通过与清廷签订《中英展拓香港界址专条》及其他一系列租借条约,租借九龙半岛北部、新界和邻近的 200 多个离岛(但九龙寨城除外),租期为 99 年。这一系列的租借和割让,就形成了今日香港的边界。

中国近代史上第一个不平等条约是什么?

《南京条约》是中国近代史上与外国签订的第一个不平等条约。

道光二十二年,清朝在与英国的第一次鸦片战争中战败。清

一口气读懂历史常识

政府代表在泊于南京下关江面的英军旗舰康华丽号上与英国签署《江宁条约》，又称《中英南京条约》。

中英《南京条约》共 13 款，主要内容是：

（1）宣布结束战争。两国关系由战争状态进入和平状态。

（2）五口通商。清朝政府开放广州、厦门、福州、宁波、上海等五处为通商口岸，准许英国派驻领事，准许英商及其家属自由居住。

（3）赔款。清政府向英国赔款 2100 万银元，其中 600 万银元赔偿被焚鸦片，1200 万银元赔偿英国军费，300 万银元偿还商人债务。其款分 4 年交纳清楚，倘未能按期交足，则酌定每年百元应加利息 5 银元。

（4）割地。清朝政府将香港岛割让给英国。

（5）中国海关税应与英国商定。

（6）废除公行制度，准许英商与华商自由贸易。

《南京条约》是近代西方资本主义国家强加在中国人民身上的第一个不平等条约。英国以武力侵略的方式迫使中国接受其侵略要求，这就使中国主权国家的独立地位遭到了破坏。强占香港，损害了中国领土的完整。通商口岸成为西方资本主义对中国进行殖民掠夺和不等价交换的中心。巨额赔偿加重了清政府的财政负担，同时转嫁到劳动人民的身上，使他们的生活更加艰苦。《南京条约》签订后，西方列强趁火打劫，相继强迫清政府签订了一系列不平等条约。从此，中国开始沦为半殖民地半封建社会。

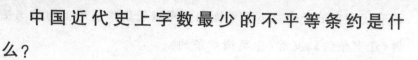

中国近代史上字数最少的不平等条约是什么?

《瑷珲条约》又称《中俄瑷珲和约》，是沙皇俄国和清朝黑龙江将军奕山于 1858 年 5 月 28 日在瑷珲(今黑龙江省黑河)签定的不平等条约，该条约正文仅 180 字，可以说是中国近代史上字数最少的一个不平等条约，却令中国失去了黑龙江以北、外兴安岭以南(即外东北)约 60 万平方千米的领土，是中国近代史上一次性割让领土最多的条约。《瑷珲条约》当时未经清政府批准，但后来在《中俄北京条约》中被确认。

《瑷珲条约》共 3 条。主要内容为:黑龙江以北、外兴安岭以南 60 多万平方千米的中国领土划归俄国，瑷珲对岸精奇哩江(今俄罗斯结雅河)上游东南的一小块地区(后称江东六十四屯)保留中国方面的永久居住权和管辖权;乌苏里江以东的中国领土划为中俄共管;原属中国内河的黑龙江和乌苏里江只准中、俄两国船只航行。

《瑷珲条约》使中国的领土、主权蒙受重大损害，而俄国从中获得巨大的领土利益和黑龙江、乌苏里江的航行权，以及通往太平洋的出海口。正如恩格斯所说，俄国不费一枪一弹"从中国夺取了一块大小等于法德两国面积的领土和一条同多瑙河一样长的河流"。沙皇俄国将穆拉维约夫割占我国黑龙江地区的行动方式概括为一个侵略公式:"必须以实际占领地方的办法来支持俄国外交上的要求"。其后，沙皇俄国通过 1860 年《中俄北京条约》和 1864 年《中俄勘分西北界约记》等不平等条约又侵

一口气读懂历史常识

占了中国乌苏里江以东地区和外西北地区大片领土。《瑷珲条约》的签订，为沙俄进一步掠夺中国领土开了一个罪恶的先例。

谁创立了"拜上帝会"？

"拜上帝会"又称为"拜上帝教"或"太平基督教"，是中国清代太平天国领袖洪秀全吸收基督教教义而成立的特殊基督教组织。"拜上帝会"是太平天国的前身，其目的是：推翻清朝统治！

洪秀全是广东花县人，曾从传教士手中接过宣传基督教的小册子。19世纪中期，洪秀全深受基督教布道书《劝世良言》的影响，在家乡广东花县组织拜上帝会，并模拟《劝世良言》写成《原道救世歌》、《原道醒世训》、《原道觉世训》等书，并将其作为该会教义，同时又制定了宗教仪式与会规。洪秀全还曾专程到广州学习基督教教义，但是因其"信仰不纯"而未能受洗。

第四次科举考试落第后，他创立"拜上帝会"，声称自己是上帝的次子、耶稣的弟弟，四处传教，招纳信徒。当时广西地瘠民贫，连年灾荒，饥民处处，"拜上帝会"在当地吸纳了大批信徒。公元1851年初，"拜上帝会"在广西桂平县金田村发动反清起义，建号"太平天国"，参与的信徒约1万人。

你知道金田起义吗？

金田起义是太平天国领袖洪秀全领导的广西桂平县武装起义。1843年，洪秀全同冯云山、洪仁玕在广东花县首创拜上帝教，次年春入广西传教，积极宣传组织农民群众。随后，洪秀全

回广东家乡从事宗教理论创作，冯云山则留广西深入紫荆山地区，宣传组织群众，建立拜上帝会，开辟革命基地，吸收杨秀清、萧朝贵等人，形成起义领导核心。

1849年前后，广西连年闹灾，天地会纷纷起义，举行起义的时机已经成熟。1850年7月，洪、冯密藏在花洲山人村部署起义工作，下达团营令，要求各地拜上帝会员变卖田产到金田集中。团营指挥部设在金田村，由杨秀清、韦昌辉、石达开主持。派人到广东接洪、冯亲属来桂。在金田、花洲、奇石、陆茵等处秘密打造武器。韦昌辉、胡以晃、石达开、周胜坤、余廷樟等人献出全部家资充当起义经费。各地拜上帝会认真操练.筹足钱粮，先后会集金田的男女老少共计2万人左右。携带钱物概交"圣库"，衣食全由"圣库"供给。遂按军制把前来团营群众组织起来，实行男女别营，进行军事训练，准备武装起义。不久，在思旺圩和蔡江村，先后击溃前来镇压团营的清军。12月25日，总兵周凤歧派兵进犯金田，会众奋力反击，毙敌300余人，杀死清江协副将伊克坦布。翌年1月11日，洪秀全38岁诞寿，举行隆重的祝寿庆典，万众齐集犀牛岭，誓师起义，向清王朝宣战。建号太平天国，起义军称为太平军，封五军主将。颁布简明军律：一遵条命；二别男行女行；三秋毫无犯；四公心和傩，各遵头目约束；五同心合力，不得临阵退缩。1月13日全体将士蓄发易服，头裹红巾，从金田东山大湟江口，开始了轰轰烈烈规模空前的太平天国农民战争。因金田起义发生在广西，故有大量壮族人民参加了金田起义，北王韦昌辉，西王萧朝贵，北伐主将林凤祥、李开芳等等，皆为壮族人。从此震撼中外的太平天国革命拉开序幕。

你知道太平天国运动吗？

太平天国是中国清朝后期，由洪秀全所建立的政权，前身为1843年创立的"拜上帝会"。1851年成立太平天国，1853年建都天京（今南京），曾占领长江中下游地区。至1864年天京陷落止，计存在14年。太平军在全盛时期的兵力超过100万人（包括女兵10余万人）。有人估计太平天国运动造成约2000万人丧生。现代有人估计1850年的中国人口大约有4.1亿人，经过太平天国、捻军及回族等起事后，到1873年人口下降至大约3.5亿人。

太平天国开创了中国历史上的许多特例，例如以西方宗教名义组织势力，或是中华人民共和国官方认定的"中国农民起义"，而且它是"第一次遭到中外势力共同镇压"的起义。清朝入关后强令剃发易服，太平军因拒绝此俗，亦被清廷称作"长毛"、"长毛贼"、"发贼"、"发逆"；因为太平军起自广西，以两广人为主，故清廷称其为"粤匪"。

1843年，洪秀全与表亲冯云山、族弟洪仁玕从梁发《劝世良言》中吸取某些基督教义，后来自行洗礼，并在广东花县首创"拜上帝教"。

1850年9月初，洪秀全发布总动员令，会众立即到金田团营编伍，达2万人。同年11月太平军在蓉村江木桥伏击清军成功。农历12月，他们在金田村内的韦氏大宗祠，举行拜上帝仪式，并宣布国号为太平天国。

1851年1月11日，洪秀全生日，拜上帝会众万人在金田村

"恭祝万寿"起义,是为金田起义。洪秀全称天王,建立"太平天国"。

1852 年 8 月 21 日萧朝贵、石达开攻长沙,也是太平天国的第一场硬仗。

1864 年 6 月 1 日,洪秀全在多日以野草充饥后病逝,幼天王洪天贵福继位。7 月,天京失守,李秀成带领幼天王突围,混乱中失散,于同月 22 日在江宁方山被俘,亲书供状数万字后,于 8 月 7 日被曾国藩杀害。10 月幼天王洪天贵福在江西石城荒山山洞被搜俘,11 月 18 日在南昌被凌迟处死。

1866 年初,长江以南的太平军余部谭体元部队在广东梅县被肃清,江北的太平军赖文光部投入捻军,于 1865 年杀清军名将僧格林沁,继续对抗清军直至 1868 年。

1868 年 1 月 5 日,东捻军在扬州东北瓦窑铺覆灭,西捻军于同年 8 月 16 日在山东荏平徒骇河被李鸿章消灭。

1869 年,最后一支使用太平天国年号的残余捻军袁大魁部在陕北保安被左宗棠消灭。

太平天国运动失败的原因是什么？

导致太平天国运动失败的原因有很多。其根本原因是农民阶级的局限性。直接原因是中外反动势力的联合绞杀。另外,还有许多原因,比如:

太平天国反对中国传统儒家思想,因此得不到国内知识分子的普遍支持。

定都天京后,太平天国领导层日益腐化,他们贪图享乐,大兴土木建造宫室，并实行严格的阶级制度（早年由南王冯云山制订），越来越脱离民众。加上太平天国强制推行一些违背民意的措施，比如在首都天京强制男女分开居住（1855年起放宽），凡此种种皆不得民心。

主要领导人争权夺利，最后引致领导集团的分裂。1856年秋，正当太平军在战场上不断取得胜利的时候，东王杨秀清自恃功高，挑战洪秀全的地位，致使洪秀全下密诏诛杨，触发"天京事变"，杨秀清、北王韦昌辉及2万余人被杀，太平天国元气大伤。后来翼王石达开因受洪秀全猜疑，带领大军出走，从此太平天国走向衰落。

洪秀全晚年任人唯亲，不太信任外人，政事混乱，人心更加涣散。

太平天国未能争取外国支持，后期清军却得到洋人支援，形势此消彼长。西方国家认为太平天国的拜上帝教与基督教相差甚远，实为异端。太平天国又不承认清朝与外国订立的不平等条约，加上禁止鸦片入口，损害西方国家的利益，因此英、法两国跟清廷签订北京条约后即支援清军对付太平天国。

李秀成进攻上海不成功，导致战局更为不利；天王洪秀全后期不肯放弃天京，不肯转移至外国列强不能深入的内陆地区发展；太平天国连年战争，造成中国人口大量流失，使生产遭到破坏。江南繁华之地繁华不再，江苏、浙江两地人口锐减，太平天国再也无法得到人民支持等等。这些无不成为太平天国运动失败的催化剂。

一口气读懂历史常识

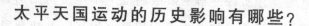

太平天国运动的历史影响有哪些？

太平天国历时14年，占领长江中下游富庶地区多年，战事波及半个中国，使清廷国力大伤，其影响更是不言而喻。

由于清廷倚赖汉人组建的湘军和淮军才能打败太平天国，曾国藩、李鸿章等汉臣平乱有功，逼使清廷更加重用汉人，汉人在清廷的权位因而大增，同时满人对军队的控制权减弱。

清廷曾借助外国人镇压太平军，因而产生效法西方、推行改革的想法，就促成了后来"洋务"改革的出现。

太平天国的事迹及它提出的一些主张，不仅宣扬了民族思想和革命精神，对日后的反清革命也有一定的影响。

太平军在江南征战时，大量富户及平民逃到上海避难，从而促进了上海的发展。

太平天国是一次反帝反封建的农民运动，作为中国历史上规模最大、人数最多、时间最长的一次农民战争，它体现了中国几千年来农民战争的最高水平，沉重的打击了中外反动势力。并对亚非人民的反殖民斗争起到了巨大的鼓舞作用，体现了时代新特点。

尽管由于诸多的原因，失败成为太平天国运动的必然。但从中我们可以看到，中华民族几千年来不屈不挠的斗争精神和为求民族独立而做出的尝试，以及当时中国社会政治斗争的复杂性。

什么是圣库制度？

太平天国创立的第一个经济制度就是圣库制度。这个制度

一口气读懂历史常识

是伴随着太平军金田起义而同时产生的，直到太平天国革命失败，圣库制度也随之泯灭。当太平军创兴之时，在保障部队供给、吸引贫民参加革命和保证军事纪律等方面，圣库制度都起过重大的积极作用。定都天京后，洪、杨等人又把城市市民的经济生活也纳入圣库的供给范围。而且一度要求以"人无私财"的原则施之于民间，至此，其消极作用便逐渐暴露出来。

太平天国无论军中或城乡都编立军伍。地方政权每1.3万家设一军帅，下辖师帅、旅帅、卒长，最基层的组织单位领导称两司马。从每军到两司马按规定都设有圣库。在"天朝"则设"总圣库"主管财物。

在太平天国定都天京以后，在它的中央机构中设立"总圣库"、"总圣粮"，俱各正副、又正副官四员，"职同检点"。其下分设备典官任其事。

太平天国圣库的物资来源，约有以下五方面：①起义初期持上帝全会众交给圣库的银粮衣物；②打败清军或攻克城镇所获的战利品；③各处城乡的员献及对富户派大捐、打先锋所得的财物；④"科派"、田赋与工商税的收入；⑤百工衙的生产品等。天京城中设立的百工衙与诸匠营，是圣库物资的重要来源之一。

圣库供给制度建立在人无私财的原则基础之上，在太平天国革命初期曾起过重大的积极作用：①它吸引了贫民群众踊跃参加起义。②圣库制度保障了太平军的供给。战士们的家属在天京，有圣库解决生活问题，因此无后顾之忧，能专志于"杀妖取城"，开创太平天国的大业。③一切缴获交归圣库，这就保证

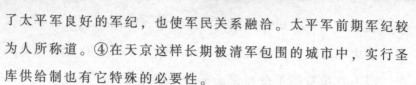

了太平军良好的军纪，也使军民关系融洽。太平军前期军纪较为人所称道。④在天京这样长期被清军包围的城市中，实行圣库供给制也有它特殊的必要性。

定都天京后，洪秀全便自视天下万国之主，天京被称作"小天堂"。大建宫室，穷奢极侈。虽有圣库专管财物，但对诸王与高级官员却没有限制，洪杨虽然口头上也讲"节用而爱民"的道理，但进入大城市后，讲享受与排场，挥霍公共财物的奢靡之风，像病疫一样地滋长起来。这无疑是对圣库制度原则的一种破坏。

什么是天朝田亩制度？

太平天国定都天京后，于1853年颁布《天朝田亩制度》。它是太平天国的基本纲领，其基本内容是关于土地改革制度，同时还提及中央及地方政制，涉及经济制度。但是由于战事频繁及其他原因，许多列出的措施未能在太平天国统治区内有效实施。

《天朝田亩制度》主要内容有：根据"凡天下田，天下人同耕"和"无处不均匀"的原则，不论男女，按人口平均分配土地；根据"天下人人不受私，物物归上主"的原则，规定每户留足口粮，其余归圣库的产品分配原则。它的理想目标是：建立一个"有田同耕，有饭同食，有衣同穿，有钱同使，无处不均匀，无人不饱暖"的理想社会。

《天朝田亩制度》要求废除封建地主所有制，按人口和年龄平均分配土地。它的核心思想是：无处不均匀，无人不饱暖。作

一口气读懂历史常识

为太平天国的革命纲领，它反映了农民要求废除封建土地所有制的强烈愿望。是农民反封建斗争的思想结晶。但是，这个制度所制定的平分土地的办法，并不切合实际，要在小生产的基础上废除封建土地所有制和平均一切社会财富，以求人人平等，只是农民平均主义的空想。从客观上讲，它没有一个安定的环境保证实施分田方案；从主观上讲，平均分配土地与生产、生活资料统归圣库的规定都是空想，根本无法实施。所以《天朝田亩制度》实际上并没有真正实施过。

天京事变发生的背景是什么？

"天京事变"是一次太平天国领导层的严重内讧。它发生于中国清朝后期的 1856 年，地点在首都天京（南京），东王杨秀清、北王韦昌辉及燕王秦日纲在此事件中被杀，另有约 2 万人丧生。"天京事变"被视为导致太平天国失败的一个重要原因，也是太平天国由盛而衰的转折点。

1851 年，天王洪秀全在"永安建制"时，命其他四王归东王杨秀清节制。自从南王冯云山及西王萧朝贵相继战死后，权力更加集中在东王一人身上。在太平天国前期，军师掌握实权，天王虽然地位在各王之上，然而在制度上却只是一个虚君，实际权力在正军师东王杨秀清手上，再加上东王多次假托"天父下凡"传令，令天王也要听从东王命令。

定都天京以后，东王与其他诸王的关系越来越差。北王曾因下属犯错而被东王下令杖打，北王的亲戚因为跟东王的亲戚发生财产争执而激怒东王，东王叫北王议罪，北王就说把那人五

马分尸。翼王石达开的岳父黄玉昆因公事开罪东王，被杖刑三百，革去爵位及降职，同一事件亦令燕王秦日纲及另一高官陈承瑢被东王杖刑。即使是天王，也多次被假装"天父下凡"的东王以杖刑威吓。由于东王权势重大，众人往往敢怒而不敢言，内部矛盾日益激化。

天京事变的经过是什么？

1856 年 6 月，太平军攻破清军向荣的江南大营，解天京三年之围。向荣在 8 月 9 日死后，不久其死讯就传入天京。

此后不久，东王称"天父下凡"，并召天王洪秀全到东王府。"天父上身"的东王对天王说："你与东王皆为我子，东王有咁大功劳，何止称九千岁？"洪秀全说："东王打江山，亦当是万岁。""天父"又问："东世子岂止千岁？"洪说："东王既称万岁，世子亦当是万岁，且世代皆万岁。""天父"大喜说："我回天矣。"

在这时，北王韦昌辉请求天王诛杀东王，而天王不肯。东王以西线紧急为由，调北王韦昌辉和翼王石达开赴前线督师，只剩下天王和东王留守天京。

陈承瑢后来向天王告密，说东王有弑君篡位的企图，于是天王密诏北王、翼王及燕王铲除东王。9 月 1 日，北王韦昌辉率 3000 精兵赶回天京，并于当夜在城外和燕王秦日纲会合，陈承瑢开城门接应。众军在凌晨突袭东王府，东王被杀，东王府内数千男女被杀尽。其后北王又以搜捕"东党"为名，大杀异己。众多东王部属在弃械后被杀，平民也不能幸免，随后血洗南京城，共计 2 万余人被屠杀。

一口气读懂历史常识

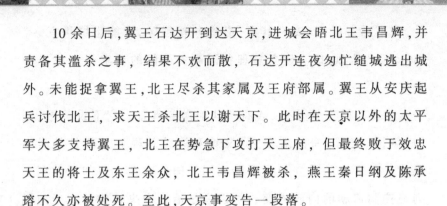

10 余日后，翼王石达开到达天京，进城会晤北王韦昌辉，并责备其滥杀之事，结果不欢而散。石达开连夜匆忙缒城逃出城外。未能捉拿翼王，北王尽杀其家属及王府部属。翼王从安庆起兵讨伐北王，求天王杀北王以谢天下。此时在天京以外的太平军大多支持翼王，北王在势急下攻打天王府，但最终败于效忠天王的将士及东王余众，北王韦昌辉被杀，燕王秦日纲及陈承瑢不久亦被处死。至此，天京事变告一段落。

清政府为什么要设立总理衙门？

鸦片战争以前，清政府认为同外国关系仅是"理藩而已，无所谓外交也"。俄国使臣来华，沿例由理藩院接待，其他各国均有礼部接待办理。鸦片战争以后，由两广总督专办与欧美国家的交涉，特加钦差大臣头衔，称"五口通商大臣"。《天津条约》和《北京条约》相继签订后，各国在华设使馆、驻使节。为了控制清政府，他们不愿意以"蛮夷"的身份同带有封建社会衙门习气的清政府的外交机构"理藩院"打交道，同时认为地方总督无权处理涉外事务，多次要求建立专门机构。于是总理衙门就应运而生。

1860 年 11 月，英法联军依约从北京撤走，恭亲王爱新觉罗·奕訢大喜过望，并在奏折中说："该夷并不利我土地人民，犹可以信义笼络，驯服其性，自图振兴"，还劝咸丰帝"尽可放心"回銮。1861 年 1 月，奕訢再上《统筹洋务全局酌拟章程六条》，为了有效地办理洋务和外交事务，请求建立总理各国事务衙门。奏折指出："近年各路军机络绎，外国事务，头绪纷繁，驻京以

后,若不悉心经理,专一其事,必致办理延缓,未能悉协机宜。"1861年1月20日,建立总理各国事务衙门的请求得到咸丰帝批准。

总理衙门主管外交、通商及其他洋务事宜。它下设英国、法国、俄国、美国、海防五股,同文馆和海关总税务司署是其附属机构。尽管它的设立加强了清朝同外国的联系,但却更有利于列强控制清朝的内政外交,可以说是清朝中央机构开始半殖民地化的标志。

你知道洋枪队吗?

华尔洋枪队,又称"常胜军"。

华尔是美国纽约人,作为一个殖民主义者,他长期从事海上冒险活动。早期因为从事劫掠邮车的活动,被美国政府放逐。1859年,流浪到上海,第二年到清军炮艇"孔夫子"号上当大副。当时正值太平军攻克苏州之际,英美等国为了阻止太平军攻占上海,由清朝苏州道台吴熙出面,委派华尔召募外国籍亡命徒及军人组成雇佣军,华尔任领队。8月,华尔率洋枪队进攻青浦太平军,负重伤。当他认识到这支军队不能战胜太平军,便企图诱骗中国人充当炮灰,并谋求英国的资助。1861年8月,他在松江改组洋枪队,并任用欧美人当军官,招骗中国人充当兵士,组成中外混合军。11月中旬,洋枪队发展到2000多人。1862年初,当太平军进军上海的时候,洋枪队配合英法在上海的正规军、清军进行抵抗。清政府赐给华尔官衔,称洋枪队为"常胜军"。中外反革命军保住上海以后,开始进攻嘉定、青浦、南桥等地的太平军。9月，华尔率"常胜军"和英法侵略军一起进攻浙江，华尔受重伤，不久毙命。华尔死后，美、英、法侵略者互争"常胜军"的领导权，在美国公使蒲安臣的活动下，美国人白齐文任统领。1863年初，在英国的活动下，李鸿章撤掉白齐文，派英军官奥加伦暂行接替，3月下旬由英国人戈登任统领。戈登率军和李鸿章淮军密切配和，疯狂屠杀太平军。太平军曾3次进攻上海，都与淮军、洋枪队进行了多次激烈战斗。

洋务运动的过程是什么？

1860年12月，曾国藩上奏折说，必须要借外国力量助"剿"、运粮，才可以减少当下的忧虑；将来学习外国技艺，造炮制船，还可收到永久的利益。1861年，曾国藩对上述看法加以发挥，主张购外国船炮，访求能人巧匠，先演习，后试造，不过一二年，火轮船必成为官民通行之物，那时可以"剿"发（指太平军）、捻（捻军），勤远略，这是救时第一要务。1862年李鸿章到上海以后，得到外国侵略者的帮助训练洋炮队、设洋炮局。他认为，清军作战往往数倍于外敌，仍不能胜，原因就在于武器不行，如能使火器与西洋相埒，则"平中国有余，敌外国亦无不足"，今起重视，最后可达自主。奕䜣看到曾、李两人学习造外国船炮，便决定派员前往学习，并在奏折中说，治国要做到自强，自强以练兵为要，练兵又以制器为先，"我能自强，可以彼此相安"。

奕䜣等人认为，只要在封建制度中加进一些西洋先进技术，可以镇压人民，可以自主自强，封建统治便可长治久安，并认为筹办洋务，就必定能得到列强的支持。

而以大学士倭仁为首的顽固派,则高唱"立国之道,尚礼义不尚权谋,根本之图,在人心不在技艺",主张"以忠信为甲胄,礼义为干橹",抵御外侮。他们攻击洋务派学习西方先进生产技术是"陈甚高,持论甚正",然而"以礼义为干橹,以忠信为甲胄,无益于自强实际。二三十年来,中外臣僚正由于未得制敌之要,徒以空言塞责,以致酿成庚申之变"。

洋务派与顽固派相互攻击,斗争十分激烈。总理衙门是推动洋务运动的中央机构。但洋务派势力主要不在清朝中央,而在掌握地方实权的总督和巡抚。慈禧明白,在内外交困的形势下,要保持清朝的统治地位,就必须依靠拥有实力并得到外国侵略者赏识的洋务派。所以她暂时采取了支持洋务派的策略。

洋务运动失败的原因是什么?

1895 年,中日甲午战争北洋舰队全军覆没,标志着洋务运动的失败。从性质来说,洋务运动其实是一次失败的统治阶级自救运动。

在当时的中国,洋务运动失败的命运其实是不可避免的。归结起来大致有以下几个方面:

(1)洋务派试图在不触动腐朽的封建制度的前提下,利用西方资本主义的某些长处来维护封建专制统治,这种手段和基础的矛盾,使洋务运动注定是不可能成功的。同时,顽固派的极力阻挠和破坏,加大了洋务运动开展的阻力。

(2)洋务派有其自身的阶级局限性,这种局限性决定了他们既是近代工业的创办者和经营者,也是其摧残者和破坏者,

一口气读懂历史常识

其封建衙门和官僚式的体制，必定导致洋务企业的失败。

（3）抵御外侮是洋务运动的目的之一，但洋务派在主持外交活动中，却坚持"外须和戎"，对外妥协投降，尽管他们所创办的近代企业有抵御外侮和"稍分洋人之利"作用，但却不能改变中国半殖民地半封建社会地位。甲午战争，洋务派标榜的"自强""求富"目标未能实现，洋务运动基本失败。

（4）洋务派提倡"中学为体，西学为用"，希望利用先进的技术维护封建统治，改革而不触动封建制度。由于改革只吸收西方先进技术，而没有学习借鉴西方的先进制度，这就预示洋务运动必定会走上失败。

洋务运动的历史意义有哪些？

洋务运动的 30 年，最终以中日甲午之战中的失败，遭受到致命的打击而告终。洋务运动虽然没有使中国走上富强的道路，也未能挽救在对外战争中失败的命运和阻止中国社会半殖民地化，但是，对于中国的近代化，以及它为了自身的安全所做出的努力，包括在经济发展上所取得的成绩，同样具有历史意义：

（1）洋务派所创办的一些工业企业，后来也为中国近代社会的经济发展打下了一定的基础，有些企业甚至成为现代企业的雏型。另外，还引进了西方资本主义国家的机器工业，也培养了一批科技人员和技术工人，这就在客观上刺激了中国民族资本主义的产生和发展，对外国经济势力的扩张，也起到了一些抵制作用，从而推动了中国近代化的进程。

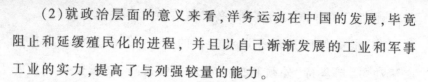

（2）就政治层面的意义来看，洋务运动在中国的发展，毕竟阻止和延缓殖民化的进程，并且以自己渐渐发展的工业和军事工业的实力，提高了与列强较量的能力。

（3）就其思想意义来看，洋务运动让国人大开了眼界，认识到富国强兵的重要性，而落后就要挨打也日益成为国人的共识。

什么是"百日维新"？

"百日维新"又称戊戌维新、戊戌变法。是中国维新派于1898年在清光绪帝支持下推行的革新运动。

中日甲午战争以后，中国民族危机日益严重。维新派的代表人物康有为、梁启超、谭嗣同、严复等希望按照西方国家的模式，推行政治、经济改革，争取国家富强。维新派还在各地组织学会，创办报刊，设立学堂，宣传变法主张，并受到少数官僚赞助。光绪接受了维新派改革方案，并于1898年6月11日颁布"明定国是（"国事"既可以指对国家有重大影响的事情，也可以指一般的国家事务；而"国是"则专指国家决策、规划等重大事务。）诏"，宣布变法维新。

在103天里，共颁布了数十条维新诏令。新政主要内容包括：为倡办新式企业、奖励发明创造；设铁路、矿务总局，修筑铁路，开采矿产；废除八股，改试策论，开设学校，提倡西学；裁汰冗员，削减旧军，重练海陆军。

9月21日慈禧太后发动政变，囚禁光绪帝，逮捕维新派。康有为、梁启超逃亡国外，谭嗣同、康广仁、林旭、刘光第、杨锐、杨

深秀等"六君子"被杀害。新政全部取消,"百日维新"宣告失败。

天津教案是怎么一回事?

清末自从天津条约开放传教以来,传教士就开始在各地进行传教工作,但由于基督教与中国传统文化价值差异很大,因此传教士、教民常与民众产生各种误会和冲突,各种反教揭帖、檄文流传,群众信以为真,导致群情激昂,聚众问罪。也有混入教会的"吃教"者,素质低下,借势欺人,传教士受其蒙蔽,干涉诉讼,引起事端。有时还会形成大规模的抗争冲突,亦即教案。

1869 年,天津的法国传教士在繁华的三岔河口地区建造教堂,拆除了有名的宗教活动场所崇禧观和望海楼,及附近一带的民房店铺,使得许多百姓流离失所,无家可归。望海楼教堂建成以后,法国传教士网罗了一批地痞恶霸、流氓无赖为教徒,为非作歹,欺压百姓。1870 年 6 月,法国天主教仁慈堂收容的中国儿童,因发生瘟疫大批死亡,教堂就将之葬于河东盐坨之地,每二三人一棺,尸骸暴露,惨不忍睹,由此引起群众愤恨。当时,天津又接连不断发生迷拐儿童事件,被捕案犯供称系受教堂指使,一时民情激愤,舆论大哗。6 月 21 日,天津知县刘杰同拐犯到望海楼教堂对质,教堂门前聚集的民众与教徒发生冲突,法国驻津领事丰大业到场向刘杰开枪,打伤其随从,这件事激起了天津民众的极大愤慨,致使天津全城鼎沸,引发了"火烧望海楼"教案。

这是一场大规模的中国民众自发地反抗帝国主义压迫的斗争。教案发生以后,法、英、美、俄、普、比、西 7 国联衔向清政府

一口气读懂历史常识

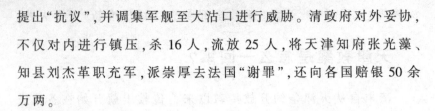

提出"抗议",并调集军舰至大沽口进行威胁。清政府对外妥协,不仅对内进行镇压,杀 16 人,流放 25 人,将天津知府张光藻、知县刘杰革职充军,派崇厚去法国"谢罪",还向各国赔银 50 余万两。

你知道中法战争吗?

中法战争又作清法战争,它是 1883 年 12 月至 1885 年 4 月(光绪九年十一月至十一年二月)年间,清朝与法国之间为越南主权问题而爆发的战争。由于战争之中清朝对法宣战时未召集各国大使,因此不具有公开性,而法国自始至终未向清朝宣战,仅称之为"报复性军事行动"。中法战争的战场除了在安南境内展开外,法国也派遣部队攻打云南边界,并派遣孤拔率领远东舰队攻打福建、台湾、浙江,控制台湾海峡,占领澎湖。第一阶段战场在越南北部;第二阶段扩大到中国东南沿海。战争双方在军事上互有胜负,由于清朝统治者的腐朽昏庸,最后法国强迫清政府签订了丧权辱国的不平等条约。当时人称:"法国不胜而胜,中国不败而败"。

中法战争的结局是什么?

李鸿章于 1885 年 5 月 13 日被清政府任命为谈判代表,与法国政府代表、驻华公使巴德诺在天津开始谈判中法正式条约。并于 6 月 9 日在天津正式签订《中法会订越南条约》,即《越南条款》或《中法新约》,又称《李巴条约》。条约共 10 款,主要内容包括:清政府不仅承认法国对越南的保护权,还承认法国与

越南订立的条约；中越陆路交界开放贸易，中国边界内开辟两个通商口岸，"所运货物，进出云南、广西边界应纳各税，照现在通商税则较减"；日后中国修筑铁路，"应向法国业者之人商办"；此条约签字后6个月内，中法两国派员到中越边界"会同勘定界限"；法军退出台湾、澎湖。该条约于1885年11月28日在北京交换批准。

在这次反侵略战争中，中国本来是很有可能取得最后胜利的，只由于清统治者的懦弱、妥协，胜利的成果才最终被葬送。因此被称为："法国不胜而胜，中国不败而败"。1886~1888年，清政府又被迫与法国签订了《中法越南边界通商章程》、《中法界务条约》、《中法续议商务条约》等一系列不平等条约，通过这些条约法国又得到了很多权益。比如中国西南门户打开，法国侵略势力以印度支那为基地，长驱直入云南、广西和广州湾（今湛江市），并使之一度变成法国的势力范围。

甲午中日战争爆发的原因是什么？

甲午中日战争的爆发是由多种原因引起的，其直接原因是朝鲜东学党起义，这是战争爆发的导火线。

从明治维新后，日本大力发展资本主义，国力逐渐强盛。在向帝国主义过渡时期，日本在政府保护下，产生垄断组织。首先，日本垄断资本带有浓厚的封建性和军事性。在政治上的具体表现是：封建军阀、贵族和地主官僚、垄断财阀三位一体，控制了近代日本国家的政治生活，劳动人民毫无民主权利可言；在经济上的具体表现为：有的垄断资本家是由旧式封建特权商

人转化而来，有的垄断资本家本身就是大地主，封建剥削残余势力大量存在，劳动人民生活贫困，造成国内市场狭小。其次，作为后起的资本主义国家，日本一开始就受欧美资本主义列强的压迫。由此，代表军阀、地主和大资产阶级的天皇政权具有强烈的侵略性和野蛮性。也正因为如此，日本统治集团急需要通过对外侵略扩张以转移国内矛盾，争夺国外市场。它们极力发展军国主义，大力推行侵略扩张的大陆政策，迅速走上了"征韩侵华"的道路，这就是甲午中日战争爆发的根本原因所在。

你知道《马关条约》吗？

1895年4月17日，也就是光绪二十年三月二十三日，清朝政府和日本政府在日本马关(今下关市)正式签署《马关条约》，李鸿章和李经芳为清朝代表，伊藤博文和陆奥宗光为日方代表。条约原名《马关新约》，日本称之为《下关条约》或《日清讲和条约》。《马关条约》的签署标志着甲午中日战争的结束。

马关条约包括《讲和条约》11款，《另约》3款，《议订专条》3款，以及《停战展期专条》2款。中文条约中称中方为"中国"，日文条约称"清国"。条约的主要内容有：

中国从朝鲜半岛撤军并承认朝鲜的"自主独立"；

中国不再是朝鲜之宗主国；

中国割让台湾岛及所有附属各岛屿、澎湖列岛和辽东半岛给日本；

中国赔偿日本军费2亿两(二万万两)；

中国开放沙市、重庆、苏州、杭州为商埠；

允许日本人在中国通商口岸设立领事馆和工厂及输入各种机器；

彼此的最惠国待遇；

中国不得逮捕为日本军队服务的人员；

台湾澎湖内中国居民，2年之内任便变卖产业搬出界外，逾期未迁者，将被视为日本臣民；

条约批准后2个月内，两国派员赴台办理移交手续；

增辟通商口岸。

《马关条约》的签订过程是什么？

日本明治维新后，向外"开疆拓土"，朝鲜和中国大陆就成为日本陆上西进的目标。日本于1876年强迫朝鲜签订第一个不平等条约《江华条约》，由此日本侵略势力进入朝鲜。日本极力破坏中国清朝与朝鲜之间存有的宗藩关系，在朝鲜造成与中国的尖锐矛盾，并发生多次冲突。1885年3月中日签订《天津会议专条》，并确立了两国在朝鲜的对等地位。至此以后，日本便有计划地大力开展了针对中国的扩军备战活动。

1894年春，朝鲜东学党农民起义爆发，朝鲜政府请求中国出兵帮助镇压。起初日本政府对中国山兵朝鲜表示"决无他意"。但当清军进入朝鲜之时，日本却以保护使馆和侨民等为名大军入朝，1894年7月25日，日军突袭中国北洋舰队，挑起中日甲午战争。战争打响后，两国海军进行了黄海大战。陆上战斗军从朝鲜打到奉天（今辽宁），占领大片领土。1895年初，日军又侵占山东威海。清政府无心抗战，一再求和，最后派直隶总督李

鸿章为头等全权大臣前往日本马关，与日本全权代表、总理大臣伊藤博文和外务大臣陆奥宗光议和。

1895 年 3 月 20 日，中日双方代表在春帆楼会见。李鸿章要求在议和之前先行停战，然而日方提出了 4 项苛刻条件，其中包括占领天津等地在内，迫使李鸿章撤回了停战要求。1895 年 3 月 24 日会议以后，李鸿章回使馆途中突然被日本人刺伤。日本担心此事会造成第三国干涉的借口，自动宣布承诺休战，1895 年 3 月 30 日，中日双方签订休战条约，休战期 21 天，休战范围限于奉天、直隶、山东各地。此时日军已占领澎湖，造成威胁台湾之势，停战把这个地区除外，保持了日本在这里的军事压力。1895 年 4 月 1 日，日方又提出十分苛刻的议和条款。李鸿章乞求降低条件。日方于 4 月 10 日提出最后修正案，要求中方明确表示是否接受，不许再讨论。在日本威逼下，清政府只得接受。1895 年 4 月 17 日，丧权辱国的《马关条约》正式签订。

《马关条约》对中国社会的影响是什么？

继《南京条约》以来，《马关条约》是最严重的不平等条约，它是帝国主义变中国为半殖民地半封建社会的一个重要的步骤，给近代中国社会带来了严重危害。

（1）《马关条约》的签订，使台湾等大片领土割让，进一步破坏了中国主权的完整，也刺激了列强瓜分中国的野心，民族危机进一步加深。

（2）条约中的巨额赔款，更加重了中国人民的负担。同时，还加速了日本军国主义的发展。清政府大借外债，列强控制了

中国的经济命脉。

（3）通商口岸的开放，使帝国主义侵略势力深入到中国内地。

（4）允许在华投资办厂，严重阻碍了中国民族资本主义的发展。

（5）《马关条约》大大加深了中国的民族灾难。

《马关条约》反映了帝国主义资本输出，分割世界的侵略要求。它的签订致使外国资本主义对中国的侵略进入一个新的阶段，大大加深了中国社会半殖民地化程度。

什么是"公车上书"？

1895 年，为了反对在甲午战争中败于日本的清政府签订丧权辱国的《马关条约》，康有为率同梁启超等数千名举人联名上书清光绪皇帝，就是历史上的"公车上书"。"公车上书"不仅被认为是维新派登上历史舞台的标志，还被认为是中国群众政治运动的开端。

1894 年中国在中日甲午战争中战败。1895 年春，乙未科进士正在北京考完会试，等待发榜。《马关条约》内割让台湾及辽东，赔款 2 亿两的消息突然传至北京，在北京应试的举人群情激愤。台籍举人更是痛哭流涕。1895 年 4 月 22 日，康有为、梁启超写成 1.8 万字的"上今上皇帝书"，18 省举人响应，1200 多人连署。5 月 2 日，由康、梁二人带领，18 省举人与数千市民集"都察院"门前请代奏。主要内容就是反对签订《马关条约》，并提出"拒和·迁都·练兵·变法"等主张。

尽管上书被清政府拒绝,但在社会上却产生了巨大影响。之后,康有为等以"变法图强"为号召,在北京、上海等地发行报纸,宣传维新思想。严复、谭嗣同也在其他地方宣传维新思想。光绪帝也启用康有为等人,史称"戊戌变法(百日维新)"。虽然,"公车上书"和"戊戌变法"都先后失败,但是维新思想从此唤醒和激励了越来越多的中国人救亡图存,在中国近代史上有着不可磨灭的地位。

你知道《辛丑条约》吗?

《辛丑条约》是中国清朝政府在义和团运动失败、八国联军攻入北京后,与英国、美国、日本、俄国、法国、德国、意大利、奥匈、比利时、西班牙和荷兰签订的一个和平协定,又称《辛丑各国和约》、《北京议定书》。《辛丑条约》被认为是中国自第一次鸦片战争后签署的一系列不平等条约之一。该条约签定于光绪二十七年七月二十五,辛丑年,故名辛丑条约。洋历 1901 年 9 月 7 日,因此又有"九七国耻"一说。

参与八国联军的日本、法国、德国、意大利,都有分割中国领土的想法。而俄国志在用其他条约获得中国东北的领土。英美则以商业利益为重,希望保持中国门户开放,并对日、俄的野心感到不安。最后达成的协议,只要求巨额的赔款,并没有要求清政府割地。

当时清朝政府内部有一个建议:将首都迁往内地(西安)继续与联军作战。但是,当时义和团已经战败,山东以南省份的总督们也早在义和团期间就已经与外国达成地方上的协议,违抗

一口气读懂历史常识

清政府支持义和团的决定,清政府实际上已经没有可靠的军队了。因此,清政府决定签署这个条约来保存自己。

法国于 1900 年 10 月率先提出惩治祸首、赔款、拆除大沽炮台等 6 项要求,作为与清政府谈判的基础。经各国公使多次会议加以补充、修改,12 月 24 日 11 国(八国之外加上比利时、西班牙和荷兰)共同向清廷提出《议和大纲》12 条。清政府对此完全接受。1901 年 9 月 7 日,奕劻、李鸿章作为清政府的全权代表,同这 11 个国家在北京正式签订丧权辱国的《辛丑各国和约》,简称《辛丑条约》。

《辛丑条约》给中国造成了哪些危害?

《辛丑条约》的签订,给中国造成了严重危害:

(1)为支付条约中巨额赔款,清政府加紧搜刮人民,使中国人民的生活更加贫困,社会经济更加凋敝;这次赔款,是列强对中国空前的大规模勒索。

(2)在北京设立的"使馆界",实际上是"国中之国","使馆界"成为帝国主义策划侵略中国的大本营。外国侵略者控制京津地区,使清政府完全处于其军队的控制之下,这就更有利于侵略者直接派兵镇压中国人民的反帝斗争。

(3)按照条约规定,清朝官吏严厉镇压中国人民的反帝斗争,从另一方面来讲,这些清朝官吏更进一步成为帝国主义的帮凶。

(4)该条约设立外务部的规定,更便于清政府能够按照外国侵略者的意旨实行卖国的外交政策。

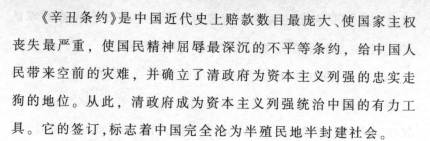

　　《辛丑条约》是中国近代史上赔款数目最庞大、使国家主权丧失最严重，使国民精神屈辱最深沉的不平等条约，给中国人民带来空前的灾难，并确立了清政府为资本主义列强的忠实走狗的地位。从此，清政府成为资本主义列强统治中国的有力工具。它的签订，标志着中国完全沦为半殖民地半封建社会。

"为共和革命而牺牲第一人"指的是谁？

　　作为一位近代民主革命者，陆皓东被孙中山誉为"中国有史以来，为共和革命而牺牲第一人"。

　　1868年9月30日，陆皓东出生于商人之家。其父陆晓帆，长期在上海经商，家产颇丰。陆皓东从小就与孙中山在一起，堪称竹马总角之交。他8岁时入私塾读书，9岁而孤。自幼"聪明好学，真挚恳诚"，对世俗深表反感。1883年秋，孙中山从檀香山归国回到家乡，他与孙中山交往更加密切，并从孙中山那里接受了许多欧美科学文化知识和资产阶级民主主义思想。非常赞佩孙中山宣传政治革命、抨击清政府的腐败和社会风俗不良等行为。并同孙中山将村庙北极殿中的神像砸毁，为豪绅地主所不容。

　　1895年，他协助孙中山在香港成立兴中会总部，并决定武装起义袭取广州为革命根据地。他还亲手绘制青天白日旗，作为起义旗帜，后为掩护革命党人不幸被捕。在狱中，陆皓东遭受严刑逼供，但他宁死不屈，当庭奋笔疾书，痛斥清政府腐败、投降卖国的行为，"今事虽不成，此心甚慰，但一我可杀，而继我而起者，不可尽杀！"于1895年11月7日英勇就义。后来仅能找到

一口气读懂历史常识

他的两枚遗齿及衣冠，葬于他的故乡翠亨村。作为孙中山早期革命同志和忠实助手，他被孙中山称为"吾党健将"，"沉勇元良，命世英才"，是"中国有史以来，为共和革命而牺牲第一人"，其"死节之烈，浩气英风，实足为后死者之模范"。

黄花岗七十二烈士的由来是什么？

黄花岗七十二烈士是指 1911 年 4 月 27 日广州起义中牺牲后葬于市东北郊黄花岗（原名红花岗）的革命党人。

1910 年秋，孙中山与同盟会的许多重要骨干在庇能（今槟榔屿）开会，决定在广州发动新的起义。会议总结了过去的经验教训，确定以同盟会会员为骨干，广泛发动新军、防管、巡警、会党和民军，并在夺取省城后把革命火焰燃向长江流域和全国。会后，孙中山到各地募款。黄兴、赵声负责筹划起义，并主持了总机关"统筹部"。大批革命党人集中香港。在广州城内建立了大约 40 个据点。然而由于情势的变化，起义日期一再变动。当黄兴最终决定发难时，不得不把原计划的"十路并举"改为"四路突击"。但实际上，当举义时，只有黄兴率领的一支队伍直扑两广总督衙门，并分兵攻打督练公所等处，孤军转战，最后终于失败。喻培伦、方声洞、陈更新、林觉民等 100 余人死难，同盟会会员潘过微冒着生命危险把散落的 72 位烈士遗骸收殓安葬于红花岗，后人将此地改名为"黄花岗"，黄花即菊花，象征节烈，史称"黄花岗七十二烈士"。这次起义极大地振奋了广大群众的斗志，成为辛亥革命的前奏。

"革命军中马前卒"指的是谁？

邹容被人们称为"革命军中马前卒"。

19世纪末20世纪初，中国人民开展的民主主义革命运动风起云涌。在中国，资产阶级革命思想被迅速传播，并逐渐成为社会思想的主流。围绕着中国革命的前途问题，当时展开了激烈的争论：到底是维护帝制，搞君主立宪，还是推翻帝制，搞民主共和国，无一定论。为了救亡生存，许多爱国志士在实践中摸索探求。作为一位杰出的思想家和宣传家，邹容就是这个时期站在历史的潮头，以《革命军》作为进军的号角，将21岁的热血之躯，奉献给中国资产阶级民主革命事业的。

邹容于1885年出生于四川巴县，原名绍陶，字蔚丹。家境富足，自幼受维新书刊影响，萌发了革命思想。谭嗣同为变法壮烈捐躯的事迹，更是让少年邹容敬慕不已。为此，他还题诗明志，以谭的"后来者"自居，表示要"继起志勿灰"。

为探求救国救民的真理，邹容于1902年自费去日本留学。在东京同文书院学习期间，他一方面关注祖国的命运，一方面如饥似渴地阅读资产阶级先驱者卢梭、孟德斯鸠的著作和美国、法国资产阶级革命的历史，不仅接受西方资产阶级革命时代的"天赋人权"、"自由平等"的学说，还把它们变为扫荡清朝封建专制统治和反对帝国主义侵略的思想武器。

1903年5月，署名为"革命军中马前卒邹容"的《革命军》一书由上海大同书局正式出版。在这本书中，邹容开宗明义地提出，要用革命的手段推翻清朝的皇权，建立资产阶级民主国家，并为这个国家定名为"中华共和国"。《革命军》不仅为 2000 多年的封建专制制度敲响了丧钟，更为资产阶级民主革命吹响了号角，成为一篇名副其实的反帝、反封建的战斗檄文。在这部书的结尾，邹容还高喊："中华共和国万岁！""中华共和国 4 万万同胞的自由万岁！"

孙中山曾赞誉这本书"为排满最激烈之言论"，"能大动人心，他日必收好果"，此书还被誉为中国近代的《人权宣言》。当时《苏报》主笔章士钊著文说：《革命军》"诚今日国民教育之一教科书也"。可见其宣传鼓动力量之巨大。此外，对于当时日益高涨的资产阶级革命思潮，这部书也起到了极大的推动作用。清朝政府惶惶不安，便勾结帝国主义对革命党人进行残酷的迫害，查封了爱国学社和《苏报》，还逮捕了章太炎、邹容等人。这就是 1903 年震惊中外的"苏报案"。

1905 年 4 月 3 日，在狱中受尽虐待的邹容献出了年轻的生命。但是《革命军》一书风行全国，也正是受到这本书的鼓舞，不少青年走上了革命道路。辛亥革命胜利以后，孙中山领导的中华民国南京临时政府，为表彰邹容的革命业绩，追授他"大将军"的军衔。"生时马前卒，死后大将军"，正生动地记录了这位青年革命家短暂的一生和他在近代资产阶级革命史上的特殊功勋。

"鉴湖女侠"指的是谁？

秋瑾号为"鉴湖女侠"，原名秋闺瑾，字璿卿（璇卿）。秋瑾的祖籍是浙江山阴（今绍兴市），出生于福建厦门。她蔑视封建礼

法，提倡男女平等，常常以花木兰、秦良玉自喻。性情豪侠，习文练武，喜欢穿着男装。秋瑾常常对许多亲友朗诵自作的《杞人忧》："幽燕烽火几时收，闻道中洋战未休；膝室空怀忧国恨，谁将巾帼易兜鍪"，表现了其忧民忧国的心情，很受当地人们的敬重。

1900 年，其夫王廷钧纳资为户部主事，秋瑾随之赴京。不久，因为八国联军入京之战乱，又回到家乡荷叶。1903 年，王廷钧再次去京复职，秋瑾携女儿一同前往。翌年，毅然冲破封建家庭的束缚，自费东渡日本留学，先是入日语讲习所，继而入青山实践女校。

1907 年 2 月，秋瑾接任大通学堂督办。不久便与徐锡麟联络浙江、上海军队和会党，组织光复军，推徐锡麟为首领，自任协领，准备在 1907 年 7 月 6 日在浙江、安徽同时起义。但是因为消息泄露，1907 年 7 月 13 日，秋瑾在大通学堂被捕。7 月 15 日在浙江绍兴轩亭口从容就义。

孙中山和宋庆龄对秋瑾都有很高的评价。1912 年 12 月 9 日孙中山致祭秋瑾墓，撰挽联："江户矢丹忱，重君首赞同盟会；轩亭洒碧血，愧我今招侠女魂。"1916 年 8 月 16~20 日，孙中山、宋庆龄游杭州，赴秋瑾墓凭吊，孙中山说："光复以前，浙人之首先入同盟会者秋女士也。今秋女士不再生，而'秋风秋雨愁煞人'之句，则传诵不忘。"1942 年 7 月，宋庆龄在《中国妇女争取自由的斗争》一文中称赞秋瑾烈士是"最崇高的革命烈士之一"。并于 1958 年 9 月 2 日为《秋瑾烈士革命史迹》一书亲自题名。1979年 8 月，宋庆龄为绍兴秋瑾纪念馆题词："秋瑾工诗文，有'秋风

一口气读懂历史常识

秋雨愁煞人'名句,能跨马携枪,曾东渡日本,志在革命,千秋万代传侠名。"

你了解民国成立的情况吗?

1911 年 12 月 29 日,以 16 票的绝对优势,孙中山当选为中华民国第一任临时大总统。1912 年元旦,孙中山宣誓就职,并宣告中华民国成立。1 月 3 日,正式成立中华民国临时政府;28 日,各省代表会议改组为临时参议院,成为临时政府的最高立法机关。国旗采用五色旗,改用公历,以中华民国纪年,1912 年为中华民国元年。

南京临时政府颁布的一系列政策和法令,都非常有利于推行民主政治和发展资本主义。如:命令各省官厅焚毁刑具,废止刑讯;取消清朝律令中的各类"贱民"条令;保护华侨;禁止买卖人口;废除主奴身份;通令剪辫子;禁止赌博、缠足、吸食鸦片。鼓励兴办工商业,振兴农垦业,奖励华侨在国内投资。提倡普及教育,删除旧教科书中的封建内容。这些政策法令,移风易俗,革故鼎新,对民族资本主义的发展和民主观念的传播大为有利。

在孙中山的主持下,1912 年 3 月 11 日,临时参议院颁布《中华民国临时约法》,并按照西方资产阶级的民主制度和立法、行政、司法"三权分立"的原则,在中国建立一个实行议会制和责任内阁制的资产阶级共和国。由于南京临时政府和各省都督府中立宪派、旧官僚、政客的篡权,以及一些革命党人的妥协退让,致使南京临时政府权力最终被袁世凯所篡夺。

一口气读懂历史常识

辛亥革命爆发的背景是什么？

20世纪初期，在中国思想界，资产阶级民主革命思潮迅猛传播，并推动民主革命运动的到来。首先觉醒的是新兴知识分子群体。近代知识分子大力宣传民主革命学说，以报刊为重要阵地，还创办了20多种政治性刊物，如《江苏》、《浙江潮》、《苏报》、《中国白话报》等；并出版发行了130余种宣传民主革命思想的小册子，比如陈天华的《警世钟》、《猛回头》，邹容的《革命军》等。资产阶级、小资产阶级知识分子还翻译了不少西方资产阶级的社会政治著作，蔡元培翻译了德国科培尔的《哲学要领》，严复翻译了赫胥黎的《天演论》、亚当·斯密的《国富论》等著作。

与民主思潮广泛传播的同时，国内外还出现了许多革命团体。兴中会、华兴会、科学补习所和光复会等影响较大。1905年8月20日，中国同盟会成立。孙中山提出"驱除鞑虏，恢复中华，创立民国，平均地权"作为政治纲领。中国同盟会的成立，标志着中国资产阶级民主革命进入一个新阶段。

清政府的"铁路国有"政策一公布，立即引起湘、鄂、川、粤四省各阶层人民的反对，还出现了广泛的保路运动。其中规模最大、斗争最激烈的是四川保路运动。1911年6月，四川成立保路同志会，宣布以"保路、废约为宗旨"。 1911年9月，全省60余县成立保路公会，数千万人卷入运动。清政府一面调湖北新军入川，一面命"实力弹压"保路运动，四川保路运动成为武昌起义的直接导火线。

四省保路风潮兴起时，湖北武昌的文学社和共进会也积极准备相机发动武装起义。1911年10月9日，孙武在汉口机关配制炸药不慎，起义的机密被泄漏，刘复基、彭楚藩等人被捕。10日晨，彭、刘被杀，清军四处捕捉革命党人。当日晚，武昌城内新军士兵，打死镇压革命士兵的排长，并攻占楚望台军械库，打响了武昌起义的枪声。经一夜战斗，起义军于11日占领武昌城，并成立湖北军政府。12~13日，起义军攻占汉阳、汉口。武昌起义的成功，大大鼓舞了全国各地人民的革命斗志，全国各地革命党人纷纷响应起义。湖南和陕西首先响应。此后是江西、山西、云南、贵州、浙江、江苏、广西、安徽、四川以及福建、广东等省，都先后宣布脱离清政府而独立。

为什么说辛亥革命是成功的革命？

　　辛亥革命是以孙中山为代表的中国民族资产阶级领导的具有完全意义的民主革命。

　　辛亥革命推翻了清王朝260多年的专制统治，从而结束了2000多年的封建君主专制制度，建立了资产阶级共和国，还产生了中国历史上第一部资产阶级宪法性质的文献——《中华民国临时约法》。尽管这部文献不久就被北洋军阀废弃，但是经过这次革命，民主共和国的观念已经深入人心，在政治上打击了封建势力，民主主义思想潮流已不可抗拒。正因为这样，辛亥革命后，袁世凯洪宪帝制，张勋的复辟帝制，都只能是昙花一现，最终都以失败而告终。此外，辛亥革命还为民主主义革命向新民主主义革命的转变，作了重要的思想准备。

一口气读懂历史常识

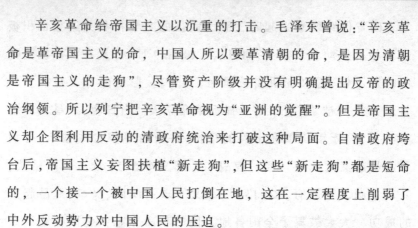

辛亥革命给帝国主义以沉重的打击。毛泽东曾说："辛亥革命是革帝国主义的命，中国人所以要革清朝的命，是因为清朝是帝国主义的走狗"，尽管资产阶级并没有明确提出反帝的政治纲领。所以列宁把辛亥革命视为"亚洲的觉醒"。但是帝国主义却企图利用反动的清政府统治来打破这种局面。自清政府垮台后，帝国主义妄图扶植"新走狗"，但这些"新走狗"都是短命的，一个接一个被中国人民打倒在地，这在一定程度上削弱了中外反动势力对中国人民的压迫。

辛亥革命也促进了生产力的发展，虽然革命失败了，但它在一定程度上推动了民族资本主义的发展。民国成立后，国内实业团体纷纷成立，开设工厂、办银行也日益盛行，在短短的几年里，民族资本主义经济力量就有了显著的增长，无产阶级队伍也日益壮大。

同时，辛亥革命还具有一定的国际意义。辛亥革命沉重地打击了帝国主义，推翻 2000 多年的封建帝制，大大鼓舞了世界人民，特别是东方各国人民的民族解放运动。在中国革命的影响下，1913 年，荷属爪哇以及其他殖民地，都广泛掀起民主革命运动。

总之，辛亥革命是一场成功的革命，它为中国的发展开辟了一条金色的道路。

现代史篇

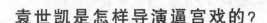

袁世凯是怎样导演逼宫戏的？

1912年2月12日，在袁世凯的威逼下，清廷终于下诏宣布退位。第二天，袁世凯宣布"拥护共和"。孙中山随即向临时参议院提出辞职，并推荐袁世凯继任。两天后，临时参议院一致选举袁世凯为临时大总统。至此，袁世凯成功地演了一出逼宫戏。

1912年的中国，南北同时存在的新旧两个政权，都生存得十分艰难。武昌起义爆发后，各地群起响应，在革命浪潮的冲击下，清政府已经无力招架，奄奄一息了。袁世凯借着这个机会，对清廷软硬兼施，神情悲惨的隆裕太后和王朝贵族们没有任何反抗的勇气，终日唉声叹气。而新生的中华民国临时政府也面临着政治、外交和财政上的巨大困难，同盟会内部的分裂、维持政府正常运转的资金的匮乏，再加上各国列强始终不予承认的尴尬现实，使孙中山的执政举步维艰。在袁世凯的压力下，一些革命党人开始动摇，想借助袁世凯的力量实现共和，于是与袁世凯达成了退位的优待条例。

在逼清帝退位的时候，一部分满人认为只要条件优厚，退位是可以主张的。另一部分少壮派亲贵则是极力反对。袁世凯便使用计谋，暗地计划"请愿共和"。在请愿中，一些宗社党头子被革命党炸死。清政府心惊胆战，大臣们认为，反抗无疑是徒劳的。经过召开御前会议，清廷决定在保持原有的富贵条件下，接受退位。从此统治中国260多年的清王朝正式宣告垮台。

在这天下大乱千载难逢的时候，袁世凯用"舍我其谁"的胆量和实力，逼迫南京的孙中山和北京的那个王朝同时给他让位。

一口气读懂历史常识

这种"一箭双雕""坐收渔利"的好事,袁世凯确实做到了。

中山装是谁发明的?

"中山装"曾被称为中国的"国服",它的创制成了近代中国服饰史上的一大变革。而中山装之所以叫中山装,也是因为它是孙中山先生设计发明的。

1923年,中山先生在广州担任中国革命政府大元帅时,感到穿西装很麻烦,也不大适应当时中国人民在生活、工作等方面的实用要求;而中国原来的服装(对襟式短衫褂、大襟式长衫等),既不能充分表现当时中国人民奋发向上的时代精神,在实用上也有类似西装的缺点。于是主张以当时在南洋华侨中流行的"企领文装"上衣为基样,在企领上加一条反领,来代替西装衬衣的硬领。这样一来,一件上衣便有西装上衣、衬衣和硬领的双重作用;将"企领文装"上衣的3个暗袋改为4个明袋,下面的2个明袋裁制成可以随着放进物品多少而涨缩的"琴袋"式样。这样为的是要让衣袋放得进书本、笔记本等学习和工作的必需品,衣袋上再加上软盖,袋内的物品就不易丢失。孙中山先生设计的裤子前面开缝,用暗纽,左右各1大暗袋,前面1小暗袋(表袋);右后臀部挖1暗袋,用软盖。这样的裤子穿着方便,也很适用携带随身必需品。从中可以看出,中山装的设计也确实煞费苦心。

协助孙中山先生创制中山装的助手名叫黄隆生,1923年黄隆生随孙中山先生在大元帅府任事。孙中山先生设计中山装时,曾请他帮同规划和负责缝制,顺利地制成了世界上第一套中山装。

　　中山装由于具备好看、实用、方便等优点，所以一经孙中山先生提倡，就得到广大群众的欢迎。

你知道三民主义吗？

　　三民主义是中华民国国父孙中山先生（1866~1925 年）所提出的政治纲领，包括民族主义、民权主义和民生主义。在不同的历史条件下，他对三民主义所作的表述是有所改变和发展的。

　　目前可以看到的相关材料，最早的是 1905 年的《同盟会宣言》（即《民报》发刊词），最晚的是他在 1924 年以"三民主义"为题所作的 16 次讲演的文稿。《同盟会宣言》的中心内容是 4 条纲领性的宣言："驱除鞑虏，恢复中华，建立民国，平均地权"，这可以说是辛亥革命以前三民主义的初期形态，前两条即当时的民族主义，第三条即当时的民权主义，第四条即当时的民生主义。

　　在 1924 年 1 月中国国民党第一次全国代表大会上，孙中山提出："重新来研究国家的国情，重新来解释三民主义。"他从 1 月到同年 8 月，作了 16 次讲演以阐述三民主义，由黄昌谷进行记录、翻译。这是他一生宣讲三民主义的最后、最有系统、最详细的篇章。 这次他所叙述的三民主义的主要内容如下：

　　民族主义：强烈反对列强对我国的侵略，打倒帝国主义的忠实走狗——军阀，求得国内各民族的平等，承认民族自决权。

　　民权主义：实行为所有民众共同享有的民主政治，并且要防止欧美现行制度的弊端，人民有选举、罢免、创制、复决四权以监督管理政府，政府则有立法、司法、行政、考试、监察五权以治理国家。

民生主义：其最重要的原则有两个，一是平均地权（实行耕者有其田），二是节制资本（私人不能操纵国民生计）。

你知道南北议和吗？

南北议和指辛亥革命期间，南方的革命党人和北方的袁世凯所进行的谈判。

1911年（宣统三年）10月武昌起义后，袁世凯被任命为清廷内阁总理，一方面屯兵长江北岸，以武力威胁革命势力，一方面利用革命党人急于完成统一的心愿，诱使其进行和平谈判。在英国公使朱尔典的调解下，湖北军政府接受了和谈条件，12月底，南北双方达成停战协议。从18日起，代表南方军政府的伍廷芳与代表袁世凯的唐绍仪在上海英租界市政厅开始进行南北和谈。

伍廷芳代表革命派提出清帝退位、选举总统、建立民主共和政府等条件；唐绍仪则代表袁世凯进行威胁。在此期间，英、美、德、日、法、俄等帝国主义列强趁机对议和施加压力，无耻声称"中国的战争如果进行下去，将对外国人的利益与安全造成危害"，敦促革命派马上向袁世凯妥协，并采取政治上拒不承认、经济上封锁压榨、军事上武力威胁、舆论上恶毒诋毁革命政府的手段，极力迫使革命派作出妥协。

与此同时，混入革命阵营的立宪派和旧官僚乘机搞内讧活动，竭力把革命引向亲袁的道路，革命派内部的妥协势力也有所抬头。在内外交困和重重压力的情况下，孙中山被迫作出声明：只要清帝退位，袁世凯实施共和，即选举袁世凯作大总统。

1912年2月12日，清帝溥仪下诏退位。第二天，孙中山辞去中华民国临时大总统职务。15日，临时参议院选举袁世凯为临时大总统，南北议和到此结束。

国民党是什么时候成立的？

孙中山先生在1919年将中华革命党改编为中国国民党，孙中山任总理，宋教仁任理事。后又改编过几次，其首领最初称为总理，蒋介石时称"总裁"，蒋介石死后党的首领改称中央委员会主席，直到现在。国民党改编后，由于袁世凯逐渐篡夺了革命的胜利果实，将《临时约法》废弃殆尽，国民党人已察觉到袁世凯的野心，便想方设法限制袁世凯，此时国民党是宋教仁当权，他重新改编国民党后准备北上参加大选，由于国民党当时很有可能在大选中获胜，使得袁世凯非常担心，于是派杀手将正准备前往北京的宋教仁杀害。

中国国民党是中国历史上第一个资产阶级政党，它的前身是兴中会、中国同盟会、国民党、中华革命党。

中国历史上只有一个国民党，没有其他国民党，以后的几次只是改编，最初用"中国国民党"这个名称是1911年。

二次革命是在什么情况下发动的？

二次革命是孙中山等革命党人于1913年发动的讨伐袁世凯的一场战役，又称"癸丑之役"、"赣宁之役"。

南京临时政府瓦解后，产生了全国统一的中华民国，北洋军阀集团领袖袁世凯取代孙中山出任临时大总统。1913年初，由同

盟会改编而成的国民党在正式国会的选举中获得胜利，国民党代理理事长宋教仁准备组织内阁。

嗜好独裁的袁世凯为阻止国民党执政，派人雇用凶手，于3月20日晚在上海沪宁车站杀害了宋教仁。革命党人迅速联合租界当局捕获凶手，宋案真相大白，国民党理事长孙中山决定起兵讨袁。但由于实力相差悬殊，国民党的军事领袖黄兴犹豫不决，主张法律解决，孙中山的革命积极性受到挫折。

4月，袁世凯与五国银行集团达成2500万英镑的战争借款，获得了战争经费，遂准备发动内战，消灭南方革命武装。5月初，北洋第六师、第二师在湖北都督、副总统黎元洪支持下陆续进入湖北，统制湖北地面，并监视江西。6月，袁世凯又下令革除坚决反袁的赣督李烈钧、粤督胡汉民、皖督柏文蔚的职务，三督相继被迫下台。

孙中山面对革命党人不战而逃的屈辱处境，愤慨万分，决心冒险起兵。在孙中山的动员下，李烈钧于7月8日回到江西湖口，成立讨袁军，同时宣布江西独立，于12日向进驻九江的北洋第六师发动进攻，拉开了二次革命的序幕。

7月15日，黄兴在南京宣布江苏独立。随后安徽、上海、广东、福建、湖南，以及重庆等地也陆续宣布独立，加入讨袁阵营。以江西、江苏为主要战场的二次革命全面爆发。但是，讨袁军各方面准备不足，孤立无援，连国民党的部分议员都还在北京留恋宴席，因此，这场革命很快就遭到失败。

在江西战场，北洋第一军于7月25日攻下湖口，8月18日攻下南昌。在江苏战场，讨袁军于7月16日至22日间在徐州地

一口气读懂历史常识

区与北洋第二军和张勋所部战斗失败,撤回南京。上海讨袁军进攻北洋军驻守的制造局久攻不下。其余各省动员起兵迟缓,湘、粤、闽北援军队迟迟不发。7月28日,黄兴看到失败的大局已定,遂离宁出走,讨袁军军心大为动摇,各地相继取消独立。

不久,南京第八师等部下级军官及士兵重新举起讨袁的旗帜,于8月11日宣布恢复独立,士兵们义愤填膺,英勇奋战,与重兵云集的北洋军展开了激烈的血战。9月1日南京失守,二次革命以失败告终。孙中山、黄兴、李烈钧等逃亡日本。

二次革命是一场保卫辛亥革命成果的战斗,孙中山等革命党人继承了武装斗争的优良传统,不畏艰险,英勇奋战。它的失败也充分暴露了资产阶级领导革命运动的软弱性。

你知道护国运动吗?

2000多年的中国封建帝制被辛亥革命彻底推翻,建立了中华民国。然而,在孙中山领导下组建的中华民国南京临时政府成立还不够100天,辛亥革命的胜利果实就被奸恶的北洋军阀头子袁世凯窃取了。在篡夺了中央政权后,袁世凯倒行逆施,对外卖国,对内独裁。令所有中国人民气愤的是,1915年12月12日袁世凯竟然宣布复辟封建帝制。在这种情形下,坚决反对袁世凯复辟封建帝制的斗争,在全国范围内轰轰烈烈地开展起来。

1915年12月21~22日,滇军将领及外地来昆爱国人士,在蔡锷、唐继尧的领导下,开会决定马上发动反袁护国战争。12月23日,云南政府致电袁世凯,要求取消封建帝制,绞杀帝制祸首,限袁世凯12月25日前回复。期限已到,未收到袁世凯回复,

唐继尧、蔡锷联名通电全国,宣布云南独立,宣誓武装讨伐袁世凯,从云南开始的护国战争正式爆发。1915 年底至 1916 年云南等省建立护国军,坚决反对袁世凯复辟帝制,维护中华民国民主共和制度。

中国是在什么情况下参加第一次世界大战的?

第一次世界大战之前,中国已经是一个主权不完整的半殖民地国家,那么,为什么还要参加第一次世界大战,卷入帝国主义大国争夺世界霸权的战争中去呢?

从帝国主义角度来看,美、日都希望通过拉拢中国参战,一方面增强协约国方面力量,孤立同盟国,另一方面,可以加强对华控制,进而把中国彻底变为自己的殖民地。

从北洋军阀角度来看,自从袁世凯被气死后,北洋军阀内部开始四分五裂,各派系都期望以参战为名,向帝国主义大量借款,从而壮大自己的势力,消灭其他派系,实现"武力统一",特别是以段祺瑞为首的皖系军阀。这种动机几乎人人皆知。

中国参战后,段祺瑞政府并没有派军队到欧洲作战,只是派出 10 余万劳工,输出劳务,到法国、俄国等协约国打工,客观上加强协约国集团的力量,从而加快了第一次世界大战的结束,也使中国成为第一次世界大战的战胜国。

你知道著名的五四运动吗?

1914 年第一次世界大战全面爆发,日本借口对德宣战,占领青岛和胶济铁路沿线,控制了山东省,夺去德国在山东取得的各种权益。1918年大战结束，以德国战败告终。1919年1月18日，战胜国在巴黎召开"和平会议"。

巴黎和会上中国政府代表准备秘密签订丧权辱国的条约，国内民众事先是不知道的。蔡元培校长于5月3日当晚，召集了北大学生代表罗家伦、傅斯年、康白情等，把这秘密公开告诉了学生。当时北大学生计划于5月7日在北京举行游行示威，得此消息后，便提前在五四那天，由罗家伦担任游行总指挥，开始掀起了轰轰烈烈的反帝爱国群众运动。

5月4日下午，北京3000余名大、中学生聚集在天安门前，举行示威游行活动，反帝爱国学生运动爆发了。当时，孙中山先生正好待在上海，他当即指示时任上海《民国日报》社总编辑和经理的邵力子，准备发动上海学生游行，响应北京学生的爱国运动。

5月7日下午，由时任江苏省教育会副会长的黄炎培先生召集，在西门外体育场，举行了约2万市民参加的声援北京大会，5月9日全部学校又停课一天，学生们分别上街演说、宣传。

运动发展到了5月22日，上海学联领导全上海44个大中学校，实现了统一罢课。

国共第一次合作的原因和条件有哪些？

国共两党的第一次合作之所以得以实现，具体原因和条件包括以下几个方面：

（1）从当时的国际环境和主要任务看，第一次国共合作具有一定的必要性。

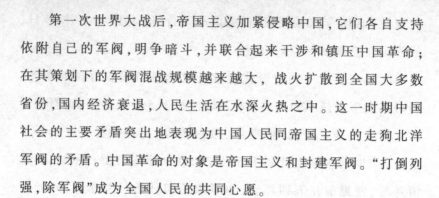

　　第一次世界大战后,帝国主义加紧侵略中国,它们各自支持依附自己的军阀,明争暗斗,并联合起来干涉和镇压中国革命;在其策划下的军阀混战规模越来越大,战火扩散到全国大多数省份,国内经济衰退,人民生活在水深火热之中。这一时期中国社会的主要矛盾突出地表现为中国人民同帝国主义的走狗北洋军阀的矛盾。中国革命的对象是帝国主义和封建军阀。"打倒列强,除军阀"成为全国人民的共同心愿。

　　(2)从共产党的角度出发,国共合作有利于完成国民革命的任务。

　　"二七惨案"使中国共产党清楚地认识到,要领导中国革命取得最后胜利,单单依靠工人阶级的力量是远远不够的。中国共产党要建立全国革命统一战线,首先要谋求和国民党合作,其原因在于:

　　①"中国现存的各个党派,只有国民党比较是革命的民主派,比较是真的民主派"。

　　②孙中山及以其为首的国民党在当时人们的心目中,已经成为革命的象征,其顽强不屈的奋斗精神,为人民所敬仰,在社会上享有很高的威望。

　　③当时国民党在南方有一块自己的根据地,控制了富有的珠江三角洲平原,还拥有一支数万人的部队。在当时军阀割据的中国,这是绝无仅有的。

　　(3)从国民党的角度出发,国共合作有利于实现国民党的改造。

　　孙中山领导的革命斗争总是失败,迫切需要新的力量作为

补充。孙中山也非常欢迎中共和他合作。护法运动的失败，使他清楚地认识到依靠军阀打军阀是不可行的。1919年，孙中山将中华革命党改编为中国国民党，继续为中国的民主共和而奋斗，并且开始着手培养国民党内部的政治军事人才。二次护法运动、陈炯明的叛变，使孙中山痛彻的认识到国民党内部成分极为复杂，必须加以改编。

（4）两党各自召开代表大会，为实现第一次国共合作做了政策准备。

中共"二大"明确制定了反帝反封建的民主革命纲领，正式确立了组建民主联合战线的方针。1923年6月，中共"三大"决定接受共产国际执委会《关于中国共产党和国民党关系的决议》，决定所有共产党员以个人名义加入国民党，以组建各民主阶级的统一战线。采取共产党员以个人名义加入国民党的方式实现国共合作。1924年1月，改组后的国民党"一大"通过了共产党人参与起草的《中国国民党第一次全国代表大会宣言》，大会事实上采用了国民党"联俄、联共、扶助农工"的三大革命策略，实现了以党内合作为主要形式的第一次国共合作。

五卅运动首先是从哪个城市开始的？

五卅运动是从上海首先发起的。当时，作为中国最大的工业中心，上海拥有工人80万人，占全国工人总数的将近1/3。由于上海是帝国主义入侵中国的最重要的领地之一，它们在上海享有极大的特殊利益，帝国主义列强在上海建立租界，开办工厂，残酷地剥削中国工人，从而导致民族矛盾异常尖锐，一触即发。

　　1925 年 5 月 14 日，日本资本家突然宣布解雇内外棉十二厂的工人多名。5 月 15 日，又宣布内外棉七厂解散。在该厂工人表示抗议时，日本资本家竟雇佣打手向工人开枪，打伤多人，共产党员工人顾正红身中四枪，不幸死亡。

　　事件发生后，中共中央多次召开大会，提出了进行斗争的方针、口号和策略，并进行大量的宣传、部署工作。共产党员蔡和森提出建议，现在的战略应当是把民族斗争放在第一位，工人的经济斗争暂且放一边。

　　5 月 28 日，中共中央在上海召开紧急会议，参会者有陈独秀、瞿秋白、蔡和森、李立三等。大会决定以反对帝国主义屠杀工人为会议的口号，使工人斗争呈现出鲜明的反帝性质，尽量争取一切反帝力量的援助，会议还决定动员学生和工人于 30 日到租界内举行大规模的反帝示威游行。

　　5 月 30 日，上海工人和学生组织了援助纱厂的街头宣传演讲和示威游行，租界的英国警察在南京路上肆意开枪，打死学生、工人等 13 人，伤者不计其数。南京路上一片血腥，中国人民的鲜血染红了路面，这便是震惊全国的"五卅血案"。

　　当天深夜，中共中央举行会议，决定组织上海市民罢工、罢市、罢课，强烈反对帝国主义屠杀中国人民，进一步举行全上海市民联合的反帝运动。6 月 1 日，上海人民开始了规模宏大的反对帝国主义的总罢工、总罢课、总罢市。

　　为了加强对各阶层人民的统一指挥，6 月 1 日晚，中共中央作出决定，由上海总工会联合全国学生联合会、上海学生联合会、各马路商界总联合会，组成统一战线性质的工商学联合会，

一口气读懂历史常识

作为反帝运动的总指挥机关,并决定把反帝斗争扩大到全国。

至此,反帝爱国运动以不可抵挡之势,迅速席卷了全国,无论是富饶都市还是穷乡僻壤,到处响彻着反对帝国主义的怒吼。

你知道北伐战争吗?

所谓北伐战争,是中华民国自1926年至1928年,由国民革命军北上讨伐北洋政府的战争,使得中国大陆所有地区统一由中国国民党领导的国民政府管辖。北伐正式起始于1926年7月9日,蒋介石就职国民革命军总司令并挥师北伐;北伐战争完成于1928年12月29日,张学良宣布奉吉黑三省悬挂青天白日满地红旗,改保安委员会为东北政务委员会,即东北易帜。

1924年9月,冯玉祥发动北京政变,废除了"贿选"的大总统曹锟的职务,然后邀请孙中山北上。等孙中山北上抵达北京时,冯玉祥已经与张作霖达成协议,接受段祺瑞进京任"临时执政"摄行大总统,并废除了曹锟宪法,终止了《临时约法》和解散了国会。孙中山主张召开民主的国民会议,段祺瑞主张召开军政商学实力派组成的善后会议。1925年2月1日所谓的善后会议召开。3月12日孙中山在北京去世。1925年7月1日国民党在广州成立国民政府。同年10月爆发反奉战争,1926年4月反奉战争以失败告终。张作霖奉军占领北京,并与吴佩孚联合起来逼迫段祺瑞下台。

1926年7月4日,在广州,国民党中央临时全体会议表决通过了《国民革命军北伐宣言》。国民党国民政府发动北伐战争的时候,段祺瑞已经下台。当时,北洋政府政权落在以张作霖为首

的奉系军阀手中。直系军阀吴佩孚沦为附属,占据湖南、湖北、河南和河北、陕西,控制京汉铁路。直系军阀后起之秀孙传芳占领了长江中下游。

"左联"是在什么时候成立的?

"左联"是中国左翼作家联盟的通称,是土地革命战争时期,中国共产党领导的革命文艺团体。

第一次国共合作破裂后,革命文学运动的发展要求成立联合团体,来有力地进行文艺思想斗争,在1928~1929年间的革命文学论争中,传播了马克思主义文艺理论,提高了革命作家的思想理论水平。左联于1930年3月2日在上海成立。其宗旨是联合一切进步力量,反对国民党的文化"围剿"和推动革命文学运动的发展。先后担任过左联领导的有鲁迅、夏衍、田汉、茅盾、冯雪峰、丁玲、胡风等。

左联一成立,立即遭到国民党政府的破坏和镇压,如取缔"左联"组织,通缉左联盟员,颁布各种法令条例,封闭书店,查禁刊物和书籍,检查稿件,拘捕刑讯,秘密杀戮革命文艺工作者等。人们习惯称为"左联五烈士"的柔石、胡也频、殷夫(白莽)、李伟森、冯铿,就是1931年2月7日被秘密杀害的。但左联仍顽强战斗,除上海总盟外,还先后建立了北平左联(又称北方左联)、东京分盟、天津支部,以及保定小组、广州小组、南京小组、武汉小组等地区组织。参加左联的成员,也不限于文化工作者,还扩大到教师、学生、职员、工人等阶层。

左联先后创办的机关刊物有《萌芽月刊》、《拓荒者》(二刊系

一口气读懂历史常识

180

接办)、《巴尔底山》、《世界文化》、《前哨》(第 2 期起改名为《文学导报》)、《北斗》、《十字街头》、《文学》、《文艺群众》、《文学月报》、《文学新地》等等；还秘密发行了《秘书处消息》和《文学生活》；并在《时事新报》副刊《青光》主办《每周文学》。另外有外围刊物《文艺新闻》。还在各分机关办有单独的刊物。左联盟员以个人名义编辑的刊物有《无名文艺》(叶紫、陈企霞)、《文艺》(周文、刘丹)、《译文》(鲁迅,后为黄源)、《新小说》(郑君平,即郑伯奇)等。左联领导的中国诗歌会有会刊《新诗歌》。

左联以马克思主义文艺理论指导自己的实践,在宣传马克思主义文艺理论方面,鲁迅、瞿秋白、冯雪峰等人都做了不少翻译介绍工作。左联从一开始就重视理论批评工作,其成员以马克思主义理论为武器。它的成立对团结革命作家和进步人士、暗中协助共产党领导的革命斗争、粉碎国民党的文化"围剿"起了不可忽略的作用。左联为建国以后的人民文艺事业准备了一批骨干人才,为建设人民大众的革命文艺作出了卓越贡献。1936 年初,为了建立文艺界抗日民族统一战线,左联解散。

中国运动员是从什么时候开始参加奥运会的？

举世瞩目的第二十九届北京奥运会已经过去了,这是中国历史上让人铭记的盛事。奥运会历史悠久,中国运动员最早参加的奥运会是 1932 年第十届洛杉矶奥运会。

1932 年的洛杉矶奥运会举行在即,国民政府却因中日交战而不参加第十届奥运会。伪满洲国政府在报纸上宣称:刘长春和于希渭是东北人,将代表满洲国参加第十届奥运会。刘长春在

《大公报》上发表声明："本人为中华民族炎黄子孙,中国人绝不代表伪'满洲国'出席第十届奥林匹克运动会。"开始因中国国民政府不愿意出钱难以成行,后张学良将军资助8000银圆才成为可能。

刘长春到达洛杉矶第二天,7月30日,第十届奥运会正式开幕,在隆重的开幕式上,中国代表队排在第8位入场,代表队是临时拼凑成的。刘长春在经过3个星期海上漂浮,体力早已大受影响,因此原来报名3个跑步项目,他只参加100米和200米,400米则因体力不支,没有出场比赛。参加的两个项目,都未能晋级。中国第一次参加奥运比赛就这样结束了。

西安事变后蒋介石为什么没有杀张学良?

西安事变,又称双十二事变,1936年12月12日张学良和杨虎城在西安发动的直接军事监禁事件,扣留了蒋介石,目的是"停止剿共,改组政府,出兵抗日",西安事变最终以蒋介石被迫接受停止剿共一致抗日的主张,导致了第二次国共合作而和平解决。事后,蒋介石将杨虎城杀掉,却没有杀张学良,这是为什么呢?

首先,宋美龄、宋子文力保张学良。西安事变后,为营救蒋介石,宋美龄、宋子文亲自答应张学良,只要蒋平安回到南京,可保障张学良的安全,之前的事可以不提。但是蒋介石回到南京后就将张学良关入大狱,想杀掉他。这使宋美龄、宋子文感觉失信于张(宋家和张家的关系一向不错),于是两人向蒋施压,要蒋不能杀张。

一口气读懂历史常识

其次,蒋介石和张学良是拜把子兄弟。蒋介石也是一个旧式的中国人,他脑子里也有忠义思想。如果他杀了张这个有恩于他的结义兄弟,很难给国人一个交代。蒋介石还有一个兄弟就是冯玉祥,二人斗了几十年,但蒋就是不敢动他。

第三,张学良的东北军主力尚存,也是蒋不敢杀张的原因。据说就在张被囚禁后,仍有东北军的老部下千方百计地营救张。如果蒋介石杀掉张学良,会给自己带来隐患,不利于自己。

第四,张学良虽然扣押了蒋介石,但是却从来没想杀掉他,他对蒋介石仍有兄弟之义。兵谏的目的只是逼蒋抗日,并不是要置蒋于死地。在西安扣押蒋时,张还亲自把自己的卫队布置在蒋的身边,保护蒋的安全。

第五,共产党方面给与了很大的压力。西安事变中,为了联蒋抗日,共产党方面也没少做张学良的工作,最终促使张放了蒋,因此张在南京被蒋逮捕后,共产党方面也向蒋施加了压力。

第六,全国人民抗日浪潮处在一个高峰,如果杀了张没办法向国内交代。

最后,张学良在国民党内人际关系很好,被捕后,不少人都替他求情。当时审判张的李烈钧(国民党元老)也劝老蒋"宽大为怀,赦而释之"。

后来,虽然张学良没有被杀,但是一直被软禁。

你知道"烈士"的由来和演变吗?

"烈士"一词,自古就有,但古代的意思与现在的意思是不同的。在古代,一般常指临危不惧的节义之士,是指活着的人。现在

则指对国家有过贡献的牺牲了的人，是指已经死了的人。

"烈士"一词最早见于商代。如伊尹曾经说过："大夫知人事，烈士去其私。"春秋时期的孔子也用过："白刃交于前，视死若生者，烈士之勇也。"三国曹操《龟虽寿》诗句中有"烈士暮年，壮心不已。"在古代，烈士通常是指临危不惧的忠义之人。

到了近现代，"烈士"一词含义发生变化。抗日战争时期的国民党政府，对抗战殉难者称为"忠烈"。中国共产党及其领导下的人民军队称战场牺牲的指战员为"阵亡将士"。

1947年4月，东北行政委员会公布实施的《东北解放区爱国自卫战争阵亡烈士抚恤暂行条例》中，首次将"阵亡将士"改为"阵亡烈士"。1980年，国务院发布的《革命烈士褒扬条例》中规定："我国人民和人民指战员，在革命斗争中、保卫祖国和社会主义现代化建设事业中壮烈牺牲的，称为革命烈士。"至此，"烈士"一词演变成当今的意思。

你知道"炮轰天安门"事件吗？

1950年国庆节，国际间谍密谋在国庆大典上炮轰天安门。这一事件被我国公安人员查出，最终流产。

美国间谍分子李安东（意大利人）、山口隆一（日本特务）、马迪懦（天主教紫衣主教）三人，早在1950年1月就策划在"十一"时"炮轰天安门"。此外还有甘纳斯、哲立、马力悦等。

1950年9月的一个夜晚，在北京李安东的家里，几个外国人聚合在一起，一个杂役轻轻的关上了大门。日本人山口隆一、德国人甘纳斯、意大利人哲力等间谍分子悄悄聚集到这里，策划一

一口气读懂历史常识

起杀人破坏活动。根据东京盟军司令部老牌特务鲍尔德上校的指令,他们正在研究10月1日那天炮轰天安门的计划。他们要从李安东的院子用迫击炮向天安门轰炸。

李安东,意大利人,又名汤尼,公开身份是天津老世昌公司在京的代理人,1919年来到中国。"七七事变"以后,李安东在华北地区为日本侵略军搜集情报。1948年3月,他又接受美国驻华大使驻北平武官处上校武官包尔德所下达的间谍任务,并收罗了日本、德国等特务为其充当情报员,继续进行间谍活动。

山口隆一,日本人,公开身份是法国人魏智在东交民巷开设的法文图书馆中文部图书目录编辑,也是被包尔德收买的间谍。

甘纳斯,德国人,曾是纳粹党徒。1938年,他来到北京,任德国宝世公司北京代理人。1940年,他与李安东相识,与李安东一起为美国间谍搜集情报。公开身份是西市汽车行的经理。实际上,这个汽车行只有一辆小卧车,供他使用。

哲立,意大利人,1921年来到中国,曾任意大利驻天津海关总督。日本投降后,他与美国间谍机关发生关系。北京解放后,包尔德离京,带走了他的老婆俄国女人霍尔瓦特·伊芙娜,他现在是无业侨民。

马力悦,意大利人,兹府的天主教堂主教。1946年来到中国,李安东以每月给他薪俸140美元、每次交通费5美元为条件,命令他提供中国的情报。

然而,令他们想不到的是,他们身边的杂役竟然是我公安局安排的特情人员。事实上,早在这些人频繁的向日本寄信的时候就已经引起了我们公安人员的注意。信的内容也十分可疑。经过

仔细调查才有所获。"杂役"将李东安等人的秘密阴谋报告给上级。1950年9月26日，公安机关将阴谋分子抓获，并搜出大量间谍活动的证据。

经过数月审讯，1951年8月，该案主犯李安东、山口隆一被判死刑，立即执行；同案犯魏智·亨利、甘纳斯(德国籍)、马迪懦、哲立(德国籍意大利人)、马新清(中国籍)等被分别判刑。

炮轰天安门事件在我国公安机关的努力应对下宣告破产。

历史上被誉为"国之瑰宝"的是谁？

1893年1月27日，宋庆龄诞生在上海一个牧师兼实业家的家庭。她的父亲作为孙中山的朋友和同志，是她的第一个启蒙老师。1913年，宋庆龄毕业于美国卫斯理女子大学，回国担任孙中山的秘书。1915年，宋庆龄不顾父母的反对和孙中山结婚，成了孙中山的亲密战友和得力助手。以坚定的步伐毫不犹豫地跟随孙中山踏上捍卫共和制度的艰苦斗争历程。1925年3月12日孙中山在北京逝世。他把"和平、奋斗、救中国"的嘱托交给了宋庆龄和他的同志。从此，宋庆龄积极投身于中国人民的大革命之中。

1926年1月，宋庆龄在国民党第二次全国代表大会上坚决执行孙中山的政策，和共产党亲密合作，与国民党右派进行斗争。1927年，蒋介石、汪精卫分别发动反革命叛变，宋庆龄坚决抗议，并宣布与孙中山事业的叛徒决裂。8月，宋庆龄和毛泽东等人发表宣言，严正揭露蒋、汪的叛变行为。南昌起义爆发，她被推选为主席团成员。后来，宋庆龄又保护和营救大批共产党人和

反蒋爱国人士。九一八事变后,宋庆龄积极响应《八一宣言》。抗战期间,她发起组织保卫中国大同盟,坚持不懈的支持中国共产党的抗日活动。抗战胜利后,她又创立了宋庆龄基金会,为人民做了很多有意义的事情。解放战争中为中国人民解放军提供了很大的物质帮助。

1949年9月21日~30日,中国人民政治协商会议第一届全体会议在北京召开,宋庆龄当选为中华人民共和国中央人民政府副主席、中国人民政治协商会议第一届全国委员会常务委员。1950年,她被选为世界和平理事会理事。1952年,被选为亚洲及太平洋联络委员会主席。

1981年5月14日,宋庆龄患的冠心病及慢性淋巴性白血病病情恶化。15日中共中央政治局宣布接收宋庆龄为中国共产党正式党员,宋庆龄实现了长期以来的夙愿。16日,全国人民代表大会常务委员会授予宋庆龄中华人民共和国名誉主席荣誉称号。1981年5月29日20时18分病逝于北京。

宋庆龄——伟大的爱国主义、民主主义、国际主义和共产主义战士,举世闻名的20世纪的伟大女性,她的事迹将让世人铭记。

"中华人民共和国"的名称是由谁提出来的?

中华人民共和国的名称是由任弼时最早提出来的。1948年1月2日,任弼时同志在西北野战军前线委员会扩大会议上,讲到当时党对知识分子的态度时说:"如果我们在政治上和思想上好好教导他们,给予适当的教育和改造,他们的知识和能力是

可以为着新民主主义的中华人民共和国服务的。"他在谈到1947年冬的学生运动时又说，"国民党占领区以学生为主体的第二条战线形成的主要原因，是因为这些学生看到了革命的发展趋势，天下将是共产党领导的，中华人民共和国将在全国建立……"由此可见，任弼时同志是最早提出"中华人民共和国"这一名称的。

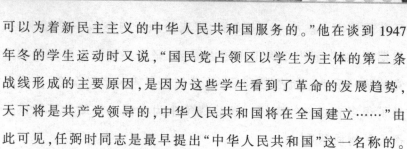

和平共处五项原则是谁提出来的？

和平共处五项原则最早是由周恩来总理于1953年12月底在北京会见来访的印度代表团时提出的。当时，中国政府代表团和印度政府代表团就中印两国在中国西藏地方的管理权限问题在北京开始谈判。31日下午，周恩来总理在中南海西花厅接见了印方代表团，在谈话中第一次全面地提出了和平共处的五项原则。1954年4月29日，中印两国发表了联合公报，并签署了《关于中国西藏地方和印度之间的通商和交通协定》，两国政府一致赞同把和平共处五项原则写入公报和协定中，把它作为指导两国关系正常发展的准则。同年6月底，周总理先后应邀访问了印度和缅甸，他在与印度总理尼赫鲁和缅甸总理吴努分别签订的《联合声明》中都写进了这些原则，并进一步阐明它适用于同亚洲及世界其他国家的关系。

1955年4月18~24日，在印度尼西亚首都万隆举办的有29个国家和地区参加的亚非会议（又称万隆会议）通过了著名的《关于促进世界和平与合作的宣言》，宣言阐述的十项国际关系原则包括了这五项原则的全部内容。1957年毛泽东主席在莫斯科访问期间向全世界庄重宣告，中国坚决主张一切国家都要实

一口气读懂历史常识

行和平共处五项原则。1963年底至1964年初,周总理出访亚洲、非洲和欧洲的14个贫穷国家,提出了我国进行经济援助的八项原则,把五项原则扩大到经济领域。1974年邓小平同志在特别联大会议上再次特别强调国家之间的政治和经济关系都应在和平共处五项原则的基础上发展。1988年,邓小平同志更明确提出了以和平共处五项原则为基础,建立国际政治经济新秩序的主张。

中美建交经历了怎样一个过程?

从1954年到1970年,中美两国在日内瓦以及华沙共举行了大大小小136次大使级会谈。20世纪60年代末,中国与美国的领导人都清楚地意识到,改善两国关系符合两国的共同利益。1969年,美国减少了对华贸易限制。1971年7月15日美国总统理查德·尼克松对外宣布,他的国家安全顾问亨利·基辛格博士已经对中国进行了一次秘密访问,而他本人已经接受邀请访问中国大陆。

1972年2月,尼克松总统访问了北京、杭州以及上海。尼克松总统返回美国前,中美共同签署了中美上海公报,这是一份表达双方对外交事务看法的联合声明。

在公报中,两国作出承诺,为外交关系完全正常化而努力奋斗。美国承认中方所提出的世界上只有一个中国,大陆和台湾同是中国领土,台湾是中国不可分割的一部分。公报使得妨碍两国之间关系正常化的障碍——台湾问题——暂时得以消除,而重新开启两国在贸易以及其他领域间的商谈与合作。

1973年5月,在两国恢复外交关系的共同努力下,美国政府

在北京设立驻华联络办事处，而中方也在华盛顿设立类似的联络办事处。从 1973 年至 1978 年间，大卫·布鲁斯、乔治·布什、托玛斯·盖茨和伦纳德·伍德科克等美国大使级外交官先后担任过办事处负责人。

1975 年福特总统访华，再次肯定了美方与中国建立外交关系的愿望。1977 年卡特总统上台后不久便再次强调了上海公报的重要性。1978 年 12 月 15 日两国政府共同宣布，美利坚合众国与中华人民共和国将在 1979 年 1 月 1 日建立大使级外交关系。

"大跃进"是怎么回事？

"大跃进"是在 1958 至 1960 年上半年，在中国共产党的带领下，在中国发生的计划利用充足的劳动力和高昂的群众热情在工业和农业上"跃进"的社会主义建设运动。由于 1956 年生产资料私有制的社会主义改造基本完成，1957 年又胜利完成了发展国民经济的第一个五年计划，中共高层，特别是毛泽东滋长了好大喜功情绪，急于求成，盲目夸大了主观意志和主观努力的作用，轻率地发动了"大跃进"运动。

1957 年 11 月 13 日，《人民日报》发表言论，正式公开提出"大跃进"口号。1958 年 5 月召开的中共八大二次会议确立了"鼓足干劲，力争上游，多快好省地建设社会主义"的总方针，通过了第二个五年计划，为"大跃进"全面制定任务和目标。八大二次会议成为了发动"大跃进"运动的一次非常重要的会议。8 月，中共中央政治局在北戴河举行扩大会议，提出 1958 年钢的产量要比 1957 年翻一番，达到 1070 万吨；并决定在农村建立人民公

社制度。

不切合实际的"大炼钢铁"运动随后在全国范围内展开，而人民公社化运动也大大地损害了农业生产积极性，粮食产量无法得到保证，为保证农产品产量达标，农村开始假报粮食产量，"大放卫星"现象流行开来。但是国家对于粮食的收购计划却按照虚报产量制定。"大跃进"运动弄虚作假的现象和很快暴露的问题，引起党内外大量的质疑之声。党内的争议集中体现在庐山会议彭德怀"反党集团"事件上，彭德怀因在与会期间反对"大跃进"政策而遭到毛泽东批评，支持彭德怀意见的黄克诚、张闻天、周小舟等一批中共元老人物受到处理，全国范围内一大批中共干部和相关人员因"右倾"而被处理，不仅造成"跃进"未及时刹车，而且进一步助长了"跃进"风潮，最终导致大饥荒悲剧。而称赞毛泽东的林彪则从此在政治上崛起。

"大跃进"的恶劣影响使得这场运动最终无法继续，钢铁合格率下降，大量资源遭到浪费，劳动力的转移导致产业结构畸形和农业生产下降，外加人民公社刮起"一平二调"的"共产风"，高指标引起的"浮夸风"，以及不切实际的生产瞎指挥风，强迫命令风和干部特殊化风，加上公共食堂的严重浪费，最终酿成全国饥荒的悲剧。从 1960 年冬开始，这场不切实际的运动逐渐被当局叫停。

你听过"七千人大会"吗？

所谓"七千人大会"，是指 1962 年 1 月 11 日至 2 月 7 日在人民大会堂召开的扩大中央工作会议。参加会议的有中央、中央

各部委、各省市自治区党委及地委、县委、重要工矿企业和部队的负责干部七千多人。会议的主要目的是总结经验教训,统一认识,注重团结,加强民主和法制,努力做好国民经济的"调整、巩固、充实、提高"的工作。会议中,刘少奇代表中共中央作书面报告并做了重要讲话。书面报告初步总结了1958年以来社会主义生产建设中的基本经验教训,探讨了几年来工作中的主要缺点和错误。

刘少奇在会议中指出,造成当前经济困难的主要原因,一条是自然灾害,还有一条就是1958年以来党的工作方针中的缺点和错误。报告和讲话着重指出,1962年是对国民经济进行调整最关键的一年,全党必须踏踏实实、尽心尽力地做好国民经济的调整工作。毛泽东也作了重要讲话,着重讲了必须实行党的民主集中制原则,必须在认真总结正反两方面经验的基础上,加深对社会主义生产规律的认识。周恩来在大会的讲话中,客观地分析了目前国家经济生活中存在的困难,指出了克服困难的主要办法。邓小平在讲话中,着重论述了党的建设的问题,指出民主集中制是党和国家建设的根本制度,要在全党恢复和遵守民主集中制。朱德在山东大组会上作了纠正"左"倾错误,恢复和发展生产的重要讲话。陈云在陕西大组会上作了如何使认识更正确的讲话。

大会客观总结了"大跃进"以来的经验教训,发扬了民主,开展了批评和自我批评,提出要恢复实事求是、走群众路线的优良革命传统,要健全党内民主生活,强化集中统一。会议取得了重大的成功,起到了团结和动员全党同心协力为战胜艰难险阻而斗争的巨大作用。

一口气读懂历史常识

在此之后，国民经济调节进一步深入展开，党内外政治关系上的调节也进入一个新的阶段。大会也有一些大的缺陷。对几年来经验教训的初步总结，是在肯定"三面红旗"的大前提下，作为执行正确路线中的几个缺点错误进行的，1958年以来"左"的指导思想未能根本动摇；决定给几年中被错误处理的干部平反，却不给最大的错案"彭德怀反党集团"案平反；过于乐观地认为经济困难时期已经过去，显得为时尚早；在党内民主集中制的问题上，只重点解决了省、地、县三级领导存在的问题，党中央核心领导在政治工作上存在的缺点错误却没有得到检查改正。这些都是会议的不足之处。

你知道"上山下乡"运动吗？

所谓上山下乡运动，指的是20世纪60~70年代中国的"文化大革命"运动快要结束的时候，中国共产党组织大量城市"知识青年"到农村定居和劳动的政治运动。

上山下乡运动最早从1955年开始，当时60名北京青年组成了青年志愿垦荒队，到遥远的黑龙江省去垦荒。中国共产主义青年团中央于8月30日为他们举行了盛大的欢送仪式。团中央书记胡耀邦在欢送仪式上把"北京市青年志愿垦荒队"的队旗授予这批青年知识分子。政府极力鼓励当时的知识青年"上山下乡"，"自愿到条件艰苦的农村去锻炼自己"，把邢燕子等人做为典型榜样在青年人中大力宣传。

真正有组织、大规模地把城镇青年送到农村去，则是在"文革"末期，毛泽东决定结束红卫兵运动的时候。1968年12月，毛

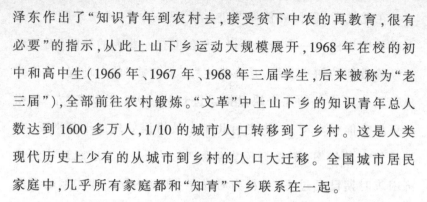

泽东作出了"知识青年到农村去,接受贫下中农的再教育,很有必要"的指示,从此上山下乡运动大规模展开,1968年在校的初中和高中生(1966年、1967年、1968年三届学生,后来被称为"老三届"),全部前往农村锻炼。"文革"中上山下乡的知识青年总人数达到1600多万人,1/10的城市人口转移到了乡村。这是人类现代历史上少有的从城市到乡村的人口大迁移。全国城市居民家庭中,几乎所有家庭都和"知青"下乡联系在一起。

上山下乡的目的地很多,包括云南、贵州、湖南、山西、内蒙古、黑龙江等地。政府指定"知识青年"劳动居住的地方,通常是偏远地区或经济落后、条件艰苦的县。这一做法很快就成了既定政策。

在当时,有一部分青年是"满怀热情"地投入到这场运动中的,所谓"满怀豪情下农村","紧跟统帅毛主席,广阔天地炼忠心"。但更多城市青年是被当地政府强迫离家、迁往农村的。与其在城市的美好生活相比较,知青们普遍认为在农村生活很艰苦,他们在贫穷的农村地区当然无法继续接受正规的知识教育,也没有什么文化生活,他们和当地农民的关系也不怎么融洽。

在"上山下乡"的"知青"当中,大部分是到乡村"插队落户",但还有一小部分虽然也是务农,过的却是"生产建设兵团"的准军事化生活,他们的生存状况与"插队知青"有很大差别。"上山下乡运动"前期,各个地方组建了很多"生产建设兵团",有一大批"知青"到这些"生产建设兵团"参加"屯垦"。"生产建设兵团"虽有"屯垦"的功能,但与正规军队不同,它同时具有安排城市失业青年就业和备战的目的。1968年底,中苏关系恶化,毛泽东向

全国下达了"全民皆兵","招之即来、来之能战、战之能胜","备战备荒为人民","深挖洞、广积粮"等一系列关于备战的指示。许多城市里开始修建防空洞,沿海地区不少军工企业纷纷向西迁移。

正是在这样的背景下,各地成立了以"知青"为主要成员的大量"生产建设兵团"。从 1969 年初到 1970 年,原有的"黑龙江生产建设兵团"急剧扩大规模,同时新组建了内蒙古、兰州、广州、江苏、安徽、福建、云南、浙江、山东、湖北共 10 个"生产建设兵团"以及西藏、江西、广西的 3 个农垦师,加上 50 年代组建的"新疆生产建设兵团",全国共有 12 个"生产建设兵团"及 3 个农垦师。

"一国两制"的构想是由谁提出的？

"一国两制"的构想是邓小平聚集了全党的智慧在 1982 年 9 月正式提出的,这个政治构想有其形成、发展的原因。

"一国两制"不是突发奇想,其形成有其特定的思想来源和理论准备。早在 50 年代中期,毛泽东、周恩来就曾提出和平解决台湾问题的想法,这是党和政府第一次明确表示愿意以和平方式解决台湾问题。1957 年 4 月,毛泽东明确表示了中国共产党准备再次和台湾国民党进行第三次合作的愿望。1958 年 10 月 6 日,毛泽东在《告台湾同胞书》中,又建议国共两党谈判,希望以和平方式解决台湾问题。60 年代,我们党还研究过和平解决台湾问题的方略,但是由于种种条件的限制,这个愿望未能实现。

1978 年 12 月,中共十一届三中全会之后,党和国家决定把工作重心转移到现代化经济建设上来，同时中美关系和中日关系也实现了正常化发展，这就为和平统一祖国创造了内部和外部的有利条件。1979 年元旦，全国人大常委会公开发表了《告台湾同胞书》，郑重地宣布了和平统一祖国的重大方针。同年 9 月，邓小平在美国访问期间说："我们不再用'解放台湾'这个提法了。只要台湾回归祖国，我们将尊重那里的现实和现行制度。"从而进一步表明了"一国两制"的构想。

1981 年 9 月，叶剑英委员长发表了《关于台湾回归祖国实现和平统一的方针政策》的言论，进一步论述了实现祖国和平统一的 9 条方针，这些方针政策虽然没有采用"一国两制"的说法，但实际已含有这个意思。这就标志着"一国两制"构想的内容开始明确化。

1982 年 9 月，邓小平在会见来访的英国首相撒切尔夫人时，提出在香港回归后，"香港现行的政治经济制度，甚至大部分法律都可以保留，当然有些要加以改革。香港仍将实行资本主义。"邓小平对香港问题的全面阐述，表明"一国两制"构想已经发展成熟。